【现代乡村社会治理系列】

乡村治理
实务及案例分析

主　编　王华斌
副主编　夏业鲍　姚洪章
编写人员　王　润　徐支青　缪　亮　张宪林

时代出版传媒股份有限公司
安徽科学技术出版社

图书在版编目(CIP)数据

乡村治理实务及案例分析 / 王华斌主编. --合肥:安徽科学技术出版社,2021.12
助力乡村振兴出版计划.现代乡村社会治理系列
ISBN 978-7-5337-8401-0

Ⅰ.①乡… Ⅱ.①王… Ⅲ.①农村-群众自治-研究-中国 Ⅳ.①D638

中国版本图书馆 CIP 数据核字(2021)第 262919 号

乡村治理实务及案例分析 主编 王华斌

出 版 人:丁凌云 选题策划:丁凌云 蒋贤骏 余登兵 责任编辑:期源萍
责任校对:戚革惠 责任印制:李伦洲 装帧设计:武 迪
出版发行:时代出版传媒股份有限公司　http://www.press-mart.com
　　　　　安徽科学技术出版社　　　　　http://www.ahstp.net
(合肥市政务文化新区翡翠路1118号出版传媒广场,邮编:230071)
电话:(0551)63533330
印　　制:合肥华云印务有限责任公司　电话:(0551)63418899
(如发现印装质量问题,影响阅读,请与印刷厂商联系调换)

开本:720×1010　1/16　　印张:7.5　　字数:110千
版次:2021年12月第1版　2021年12月第1次印刷

ISBN 978-7-5337-8401-0　　　　　　　　　　　　定价:30.00元

版权所有,侵权必究

"助力乡村振兴出版计划"编委会

主 任
查结联

副主任
罗 平　卢仕仁　江 洪　夏 涛
徐义流　马占文　吴文胜　董 磊

委 员
马传喜　李泽福　李 红　操海群
莫国富　郭志学　李升和　郑 可
张克文　朱寒冬

【现代乡村社会治理系列】

（本系列主要由安徽农业大学组织编写）

总主编：马传喜
副总主编：王华君　孙 超

出版说明

"助力乡村振兴出版计划"(以下简称"本计划")以习近平新时代中国特色社会主义思想为指导,是在全国脱贫攻坚目标任务完成并向全面推进乡村振兴转进的重要历史时刻,由中共安徽省委宣传部主持实施的一项重点出版项目。

本计划以服务区域乡村振兴事业为出版定位,围绕乡村产业振兴、人才振兴、文化振兴、生态振兴和组织振兴展开,由"现代种植业实用技术""现代养殖业实用技术""新型农民职业技能提升""现代农业科技与管理""现代乡村社会治理"五个子系列组成,主要内容涵盖特色养殖业和疾病防控技术、特色种植业及病虫害绿色防控技术、集体经济发展、休闲农业和乡村旅游融合发展、新型农业经营主体培育、农村环境生态化治理、农村基层党建等。选题组织力求满足乡村振兴实务需求,编写内容努力做到通俗易懂。

本计划的呈现形式是以图书为主的融媒体出版物。图书的主要读者对象是新型农民、县乡村基层干部、"三农"工作者。为扩大传播面、提高传播效率,与图书出版同步,配套制作了部分精品音视频,在每册图书封底放置二维码,供扫码使用,以适应广大农民朋友的移动阅读需求。

本计划的编写和出版,代表了当前农业科研成果转化和普及的新进展,凝聚了乡村社会治理研究者和实务者的集体智慧,在此谨向有关单位和个人致以衷心的感谢!

虽然我们始终秉持高水平策划、高质量编写的精品出版理念,但因水平所限仍会有诸多不足和错漏之处,敬请广大读者提出宝贵意见和建议,以便修订再版时改正。

本册编写说明

"农,天下之大业也。"乡村是最基本的治理单元,是国家治理体系的"神经末梢"。推进乡村治理体系和治理能力现代化建设是实现乡村全面振兴、巩固党在农村的执政基础、满足农民群众美好生活需要的必然要求。没有乡村的有效治理,就没有乡村的全面振兴。在新时代脱贫攻坚目标任务如期完成基础上,我国已踏上全面推进中国特色社会主义乡村振兴大道。

在推进乡村治理中,发挥县乡村基层干部、"三农"工作者以及新型农民的作用尤为关键,他们迫切需要对乡村治理的重要理论和实践问题进行全面系统的学习,因地制宜探索形成符合本地实际的乡村治理方法和模式,提升乡村治理体系和治理能力现代化水平。

《乡村治理实务及案例分析》是"助力乡村振兴出版计划"系列的一个分册。本书第一章至第六章为乡村治理理论总结篇,主要讲述了加强党的全面领导,坚持村民议事协商制度,创新乡村治理方法,构建县乡村一体化服务体系,打造多方协作的大格局;第七章为安徽省乡村治理实践篇,主要介绍了近些年来,安徽省各地大力加强乡村治理体系和治理能力建设,积极推进乡村治理创新,涌现出的一批好做法好经验。在撰写过程中,我们力求内容通俗易懂,注重实用性和普及性,通过大量可复制可推广的经验做法,为广大读者提供具有实践意义的指导。

习近平总书记指出,"要夯实乡村治理这个根基","创新乡村治理方式,提高乡村善治水平"。"征途漫漫,惟有奋斗",让我们久久为功,善作善成,不断提高乡村治理成效,坚定走好新时代乡村振兴路!

目　录

第一章　加强党的全面领导 ················· 1
　第一节　提升基层党组织组织力 ················ 2
　第二节　强化基层党组织发展力 ················ 7
　第三节　发扬基层党组织先锋力 ················ 12

第二章　完善村民议事协商制度 ··············· 17
　第一节　村民议事协商内容 ··················· 17
　第二节　村民议事协商主体 ··················· 20
　第三节　村民议事协商形式与程序 ············· 24
　第四节　提高议事协商能力 ··················· 28

第三章　创新乡村治理方法 ··················· 32
　第一节　乡村治理百年历程 ··················· 33
　第二节　乡村治理存在的问题 ················· 37
　第三节　优化乡村治理路径 ··················· 41

第四章　构建县乡村一体化服务体系 ··········· 48
　第一节　创新集中高效的县级行政模式 ········· 48
　第二节　完善科学有序的乡镇服务模式 ········· 53
　第三节　创新小微权力村级监管模式 ··········· 56

第五章　打造多方协作的大格局 ……………………… 61
第一节　建立协商沟通机制 …………………………… 61
第二节　构筑多元共治的治理新格局 ………………… 66
第三节　加快培养乡村治理人才 ……………………… 72

第六章　解决乡村治理重要问题 …………………… 79
第一节　实施乡风文明培育行动 ……………………… 79
第二节　加强平安乡村建设 …………………………… 82
第三节　健全矛盾纠纷调处化解机制 ………………… 85
第四节　深化农村社区建设 …………………………… 88

第七章　乡村治理实践案例 ………………………… 92
第一节　六安市金安区孙岗镇：紧扣"选育管用"抓头雁 ………… 92
第二节　黄山市夼溪村：四招齐下赋能乡村治理 ……………… 95
第三节　滁州市天长市："积分+清单"关紧权力笼子 …………… 97
第四节　宁国市："三治"融合推进乡村有效治理 ……………… 101
第五节　宿州市泗县：多方力量营造和谐乡村 ………………… 105
第六节　亳州市蒙城县土桥村："村规民约"添彩幸福生活 ……… 109
第七节　六安市金寨县大畈村：社区管理构建搬迁新生活 ……… 111

第一章 加强党的全面领导

百年来,中国共产党始终抓住农村基层党建不放松,充分发挥农村基层党组织的领导核心和战斗堡垒作用,推动着中国的建设和改革不断前进,在全面推进乡村振兴的新形势下为农村基层党建高质量发展提供了许多基本经验。党的十九大强调"党的基层组织是确保党的路线方针政策和决策部署贯彻落实的基础",以及"宣传党的主张、贯彻党的决定、领导基层治理、团结动员群众、推动改革发展的坚强战斗堡垒"的定位,规定了党支部的职责,明确了基层党建的主要任务,为实施乡村振兴战略背景下的农村基层党建提供了基本依据。

中共中央、国务院先后印发了《关于实施乡村振兴战略的意见》《乡村振兴战略规划(2018—2022年)》《关于坚持农业农村优先发展做好"三农"工作的若干意见》《关于建立健全城乡融合发展体制机制和政策体系的意见》等文件,从实施乡村振兴战略、推进乡村治理现代化的全局和高度,强调"加强农村基层党组织对乡村振兴的全面领导",反复要求把农村基层党组织建成坚强战斗堡垒。2018年12月,中共中央印发的《中国共产党农村基层组织工作条例》强调农村基层党组织的领导地位,规范了党的农村基层组织设置,规定了职责任务以及在经济建设、精神文明建设、乡村治理等方面的重点任务,提出了加强领导班子和干部队伍建设、党员队伍建设的明确要求。2019年8月,中共中央印发了《中国共产党农村工作条例》,强调加强农村基层党建是党的农村工作的主要任务之一。

习近平总书记多次强调,党管农村工作是我们的传统。"党政军民学,东南西北中,党是领导一切的。"这是党的十九大报告提出的重要论断,这一论断具体落实到现代化乡村治理实践当中就是要坚持党对乡村治理的全面领导。

第一节　提升基层党组织组织力

基层党组织的组织力,是指基层党组织为完成其承担的职责任务、实现党组织的工作目标而组织、凝聚、动员、影响基层社会各方面力量的能力。提升组织力是加强农村基层党建的"举纲执本"之举。党的十九大提出加强基层组织建设,"要以提升组织力为重点,突出政治功能",农村基层党组织的组织力是党组织系统蕴含的生命力,即为完成组织自身责任使命所具备的凝聚力、吸引力、战斗力和影响力等。

一　建设村党组织带头人队伍

2013年6月28日,习近平总书记在全国组织工作会议上的讲话中强调,"各级都要重视基层、关心基层、支持基层,加强带头人队伍建设,确保基层党组织有资源、有能力为群众服务"。总书记把"加强带头人队伍建设"作为"两个确保"的前提提出来,把重视基层和带头人队伍建设提到了从未有过的高度。2019年3月8日,习近平总书记在参加十三届全国人大二次会议河南代表团审议时提出"要夯实乡村治理这个根基。采取切实有效措施,强化农村基层党组织领导作用,选好配强农村党组织书记"。

加强村党组织带头人队伍的建设,一定要遵循人才成长的规律,从农村工作实际出发,从乡村治理对人才的需求出发,着眼于夯实党在农村的执政基础,应高度重视对后备干部的培养,并且要有紧迫感。要在组织基础上加强带头人队伍的建设,充分认识制度在带头人队伍建设中的特殊价值,在建立健全完善制度的同时,下功夫确保各种制度落到实处。从组织领导的角度考虑,还需要关心和提供必要的保障,切实把鼓励奉献与促进发展结合起来。

一是在拓宽上升渠道上,突破壁垒、健全链条。乡村治理成效如何,农村干部是决定因素,要破除天花板效应,为在农村工作的干部拓展职业发展空间,使农村基层服务和管理工作成为受人尊重的职业。对优秀村书记,应打破村书记通过选拔调任、公务员考录进入乡镇党政领导班子的政策壁垒,特别是对已经进入事业编制的优秀村书记要加强后续激励,保证激励效果不减、工作干劲不退。对其他现职村干部,应建立村级干部梯次成长体系,形成村级后备人才、村民小组长、村"两委"成员到村书记主任的成长链条,结合常态化选聘进编,让村干部干得有盼头。公务员招录和事业单位招聘,应拿出一定比例,在优秀村干部中定向考录,有计划地解决他们的晋升问题。例如,安徽省六安市连续多年从任职3年以上的优秀村党组织书记、村委会主任和优秀社区党组织书记、居委会主任,在贫困村从事扶贫工作满5年的优秀脱贫攻坚一线村干部,在大别山等革命老区任村"两委"班子成员满5年且考核优秀的全日制普通高校毕业生中考试录用乡镇公务员。

二是在素质能力培养上,靶向施治、挂钩包联。按照重在日常、常于实践的思路抓实村书记教育培养,促进提高履职能力。强化工作落实促提升,采取县、乡两级确定重点任务"定标"、半年归口部门"督标"、年末党员群众"评标"、奖优罚劣"对标",指导村书记提高工作落实的能力和效果。强化领导"引带促提升",把年度村级工作考核结果与包村的乡镇党政班子成员排序和评优挂钩,倒逼真包村、包好村,带动村书记在实践中逐步提升能力和本领。

三是在整体优化提升上,储备力量、加强管理。进一步优化村干部队伍结构,加大引才力度。结合村"两委"换届选举工作,进一步扩大引才充实村干部队伍,通过给编制、给待遇、给项目,吸引年轻化、高学历、懂经营、善管理的优秀人才到村任职,提升农村发展活力。加大育才力度。着力培养本地村级后备力量,建立村级后备人才库。每村优选2~3名政治素质好、有一定影响力的农村人才入库培养,通过教育培训提素质、帮带培养提能力、交办工作提本领,为村组织储备后备力量。加大管理力度。严格落实县级备案,坚持上管一级,落实县级组织部门全程把关村级班子年度考核、村书记动态调整工作责任,重点监控、帮带提高年度排名末位的村书记,对提高效果不明显的"死面"及时调整。同时,加大乡镇(街道)党委书记交流任职力度,防止长期任职导致利益固化,避免调整撤换不胜任、不称职村书记时打不开情面。

二 提高服务群众意识和本领

服务群众是中国共产党的本质,是基层党组织的重要职责。树牢群众意识、提高服务本领,就是自觉地贯彻好全面从严治党要求,贯彻好党的群众路线,能为群众办实事、解难事,当好人民公仆。

"十四五"时期是实施乡村振兴战略的发力期,乡村治理面临难得的机遇和严峻的挑战。首先,基层党组织特别是广大基层干部要明白"为了谁、依靠谁、我是谁",归根到底,是为了增强对人民群众的感情,增强与人民群众的血肉联系,增强践行党的宗旨的主动性、自觉性,切实做好新形势下的群众工作。坚持心系群众、服务人民,在思想感情上贴近人民群众,提高为人民服务的本领,摆正自身位置,杜绝官僚主义,把人民群众放在心中最高位置,增强公仆意识,把群众当亲人,赢得群众的信任,发挥人民群众主体作用。其次,要忠于事业,恪尽职守,做到"有权必有责,有责要担当"。在其位,谋其政,负其责,尽其力。弘扬职业精神,勇于创造、敢于担当。不要怕多干工作吃亏,更不要怕挑重担冒风险,要倾尽自己的能力,勤勤恳恳,兢兢业业,做好本职工作。

基层治理难题怎么破解?河南省中牟县雁鸣湖镇这几年一直在不断探索。"我们建立了'两覆盖四互动一志愿'社区治理模式,即镇域社区物业公司管理全覆盖和专业社工入驻全覆盖,物业公司、社工组织、业主代表、村'两委'四方互动,发展壮大志愿者队伍,形成社区有管理、群众有服务、运行有监督的工作机制。"雁鸣湖镇党委书记刘海玲说。这种模式通过两年多的运行,取得了一些成效,但也出现了一些问题。在第三方民意调查中,他们发现群众对村"两委"的服务水平和质量评价并不高。为破解这一新难题,雁鸣湖镇党委、镇政府决定变"输血"为"造血",创办乡村(社区)治理创新学院,通过常态化的学习培训,提升党员干部的服务意识和能力,推动形成基层干部主导、社工物业配合、群众参与的基层治理模式,助力乡村振兴。"雁鸣湖镇是郑州市第一个创办乡村(社区)治理创新学院的乡镇。学院的专门培训可以有效解决农村在实施乡村治理和推进乡村振兴过程中遇到的干部服务意识不强、能力不足、理念不新、质量不高等问题。"河南省社会科学院研究员陈东辉说。

面对乡村治理新任务、人民群众新期待,河北省康保县努力把基层党组织建设成为服务群众、维护稳定的坚强堡垒,以"群众所盼,我们就干"为工作导向,创新推出"走村入户忙帮扶的小红帽、不等不靠勤劳作的黄马甲、守护健康防返贫的白大褂"服务群众三支队伍和"大喇叭、公开栏、二维码"联系群众三大平台,这些到户到人的精准服务、实实在在的惠民举措,为强化乡村治理、提升服务水平提供了有益探索。乡村治理成效明显,政风民风焕然一新,社会大局和谐稳定,群众满意度测评连续两年居张家口市前列。

三 树牢党建政治引领作用

政治引领是一个政党的首要功能,习近平总书记在全国组织工作会议上强调,基层党组织要在贯彻落实中发挥领导作用,强化政治引领,发挥党的群众工作优势和党员先锋模范作用。坚持党的全面领导,强化党建引领,是推进国家治理体系和治理能力现代化的关键和根本,必须以党的建设贯穿基层治理、保障基层治理、引领乡村治理,着力构建党建引领基层治理的新格局。

践行新时代党的组织路线,必须根据形势任务需要,增强政治功能,强化政治引领,使基层党组织基础更加牢固、作用更加明显。突出基层党组织的政治功能的引领作用,必须抓好思想建党这个根本,坚持不懈地用中国特色社会主义理论武装基层党员群众,进一步增强党内政治生活的政治性、原则性和严肃性,推动全面从严治党向基层延伸。

基层党组织和党员领导干部,必须旗帜鲜明讲政治,以政治引领夯实信仰根基,把忠诚基因植入灵魂血脉,自觉强化政治意识,加强政治历练,提升政治素养,确保政治能力与担当的政治责任相适应。首先,要提高政治判断力,做政治上的明白人。始终把理想信念作为"总开关",把政治立场作为"主心骨",切实增强"四个意识"、坚定"四个自信"、做到"两个维护"。其次,要提高政治领悟力,做学思用的践行者。党员领导干部要把党的创新理论,特别是习近平新时代中国特色社会主义思想当作"粮食、武器和方向盘",紧紧围绕重大理论观点、重大决策部署、重大战略思想深学细研,切实用于武装头脑、指导工作,真正把认识成果转化为实践成果。最后,要提高政治执行力,做抓落实的实干家。党员领导干部要把讲政治的要求从外部要求转化为内在主动,就决不能做坐而论道的清谈客,而要做躬身践行的实干家,立身为旗、以上率下。

第二节 强化基层党组织发展力

基层党组织发展力是指基层党组织团结带领基层群众实现科学发展的能力,这种能力是基层组织建设和服务乡村振兴的内在要求,是有效应对乡村治理出现的各种新情况新挑战的重要保障。增强基层党组织发展力对于更好地发挥基层党组织的战斗堡垒作用和党员的先锋模范作用具有重要意义。基层党组织的发展力是多种能力的合力,其构成要件可概括为发展民主的能力、统筹协调的能力、开拓创新的能力、知人善任的能力、维护稳定的能力和驾驭网络媒体的能力。

一、壮大村级集体经济

发展壮大农村集体经济,是新时期对农村基本经营制度的完善,是解决当前农村发展问题的关键,是增强基层党组织战斗力、提高乡村治理能力的重要保障,是实施乡村振兴战略的重要保证。党的十九大报告明确提出,实施乡村振兴战略要"深化农村集体产权制度改革,保障农民财产权益,壮大集体经济"。长期以来,由于思想认识上的不足,许多地方村集体经济发展滞后,出现了大量"无钱办事"的集体经济"空壳村",导致党在农村的凝聚力、号召力和战斗力下降,农业农村现代化建设进展缓慢,乡村治理体系的构建难度加大,为乡村振兴战略的实施增加了难度。村集体经济不仅能支持乡村治理,有效的乡村治理也是村集体经济存在的前提。集体经济和村庄善治构成了相互依赖的共同体,如果没有村集体经济,乡村治理就会面临许多困难;如果没有有效的乡村治理,村集体经济也很难发展,甚至可能影响乡村社会的稳定。因此,必须大力发展壮大村级集体经济,使农村基层政权得以稳固,农民收入得以增

加,农村社会环境得以稳定,乡村治理得以有效推进。

村级集体经济的发展模式主要有:①资源开发模式。将原本低效率利用甚至闲置的集体所有的土地、资金与生态环境等资源进行整合,进而获取经济利益。②产业带动模式。立足自身优势和资源禀赋,通过发展某一种或几种产业实现集体资源资产资金的升值保值和集体组织成员的增收致富。③盘活资产模式。借助土地所有者、管理者的身份,通过组建土地股份合作社或者推动土地连片出租获得收益。④服务创收模式。为村民提供产业配套服务,增加集体收入。⑤联村抱团模式。多村联合发展,解决村级集体经济发展过程中一村单打独斗面临的产业规模小、发展资金少、发展成本高、增收平台少等现实问题。⑥异地入股模式。"走出去"寻求合作伙伴,异地入股发展种植、养殖项目,最终发展壮大集体经济。

2021年中共安徽省委一号文件《中共安徽省委 安徽省人民政府关于全面推进乡村振兴加快农业农村现代化的实施意见》提出要巩固农村集体产权制度改革成果,健全农村集体经济组织法人治理机制,探索赋予农民集体资产股份权能,发展新型农村集体经济,深入实施扶持壮大集体经济"百千万"工程。

陕西省留坝县在实践中探索出了"村级扶贫互助合作社",村党支部通过扶贫社"三队一屋一规",组织群众管护乡村环境、提供公共服务、塑造文明乡风、开展除恶治乱线索排查等工作,践行自治、德治、法治"三治结合"的乡村治理,承担起乡村治理的责任主体角色,初步形成村民共建共治共享的乡村治理格局,这一新型集体经济发展平台和乡村治理主体,不仅高质量完成了脱贫攻坚任务,而且促进了乡村发展和乡村治理的融合,走出了一条有本地特色的乡村善治之路。

二、发展特色农业产业

习近平总书记强调,产业兴旺是解决农村一切问题的前提。特色农业的发展是适应当前社会消费需求、世界经济一体化和全球农业市场细分需要的必然结果,是农村产业的重头戏。乡村没有城市雄厚的资源,要发展优势产业,必须紧紧依靠本地特色资源,才可能在激烈的产业大战之中获胜,所以乡村振兴的关键点之一将会落在发展本地特色产业上。

在新时代背景下,特色农业仍然处于发展阶段,仍需加强特色产业规模化、集约化、产业化的建设,从整合乡村资源开始,推动特色产业发展,增强特色产业扶持力度,逐步构建起特色产品产业链,并培育产品知名品牌,扩大区域特色产品市场价值和影响力,促进农村特色产业发展,为新时代乡村治理打下物质基础。

首先,要推进经营主体职业化。十九大报告指出,构建现代农业产业体系、生产体系、经营体系,完善农业支持保护制度,发展多种形式的适度规模经营,培育新型农业经营主体,健全农业社会化服务体系,实现小农户和现代农业发展有机衔接,培养造就一支懂农业、爱农村、爱农民的"三农"工作队伍。其次,要凝聚产业发展合力。特色产业发展,离不开政府、社会组织、民众的共同努力。再次,要打造特色产业品牌。在严把质量关、彰显产品价值、注重宣传推介上下功夫。最后,要推进第一、二、三产业融合。"产业+旅游""农业+工业+观光旅游"等发展模式迎合了民众的需求,如今的消费需求已经超越了产品本身,开始向文化、健康和综合体验等更高层次的需求发展,这样高层次的需要越来越旺盛,其中的利润空间也就越来越大。

旭东村位于湖南省湘西自治州永顺县颗砂乡中部,多年来贴着贫困地区贫困村的标签。2019年,旭东村被列为湖南省45个"产业振兴示范

村"之一,是湖南省唯一直接从贫困村过渡到乡村振兴示范村的村落,其在基础设施建设、产业发展、脱贫攻坚等方面发生了翻天覆地的变化。旭东村的跳跃式发展是脱贫攻坚和乡村振兴有机结合的样本。村民生活水平的提高、干群关系的改善、群众满意度的提升、脱贫观念的转变与农技的增长,使旭东村实现了脱真贫、真脱贫。究其根本原因,在于旭东村找准和发展特色产业,依托特色产业推进乡村治理,高效的乡村治理又促进了产业振兴。

2018年,湖南省农业科学院(简称"省农科院")作为旭东村的定点帮扶单位,累计投入资金700多万元,为旭东村的发展做出了巨大贡献。一是完善产业发展基础设施建设。在省农科院的大力支持下,旭东村完善了机耕道、河堤等基础设施,为实现产业发展奠定了基础。二是以"优势+优势",实现特色发展。省农科院充分利用自身在农业产业方面的技术、管理等优势,与旭东村地理条件、产业基础相结合,实现"优势+优势"特色产业模式。旭东村大力推动优质稻、贡鸭、贡米等优势产业发展,协同发展珠芽魔芋和旱杂粮种植等特色产业;发展优质糯高粱300亩(1亩≈667米^2)、优质稻1 000亩,开发了高粱酿酒、优质稻等项目,探索出"优质稻+"增收新模式;打造了旱杂粮新品种与技术示范园、颗砂贡鸭种养结合繁育示范基地、旭东村优质稻'蜂蛙灯'绿色防控技术示范基地等产业示范园、基地。三是开展农技培训,注重发展的长效性。省农科院充分发挥自身的技术优势,秉持"支撑产业发展,科技培训先行"的理念,向种植大户、致富带头人、意向种植贫困户等进行高粱、魔芋、黄桃产业培训,解决村民的技术难题,提升村民的农业技能,真正掌握致富之经;并积极与永顺县农业、科技、财政等部门衔接,制定了年度培训计划,实行科技培训每月一轮、乡村夜校全年覆盖,深入推进实施科技惠农培训工程,确保打通技术传输"最后一公里",真正使全村整体脱贫。旭东村通过一系列举措,使村民腰包鼓起来、干群矛盾少起来、乡村治理活起来,也在促进乡村治理上积累了经验。

三 培育创新创业带头人

农村创新创业带头人饱含乡土情怀、具有超前眼光、充满创业激情、富有奉献精神,是带动农村经济发展和农民就业增收的乡村企业家。培育农村创新创业带头人,就是培育农村创新创业的"领头雁",培育乡村产业发展的动能,它是实施国家创新驱动战略的迫切需要,是实施乡村振兴战略的迫切需要,也是全面建成小康社会的迫切需要。为贯彻《中共中央国务院关于抓好"三农"领域重点工作确保如期实现全面小康的意见》,深入实施农村创新创业带头人培育行动,大力发展富民乡村产业,奠定决胜全面建成小康社会的物质基础,农业农村部等九部委联合印发了《深入实施农村创新创业带头人培育行动意见》,全面深入地启动了农村创新创业带头人培育工作。目标是到2025年,农村创新创业环境明显改善,创新创业层次显著提升,创新创业队伍不断壮大,乡村产业发展动能更加强劲。农村创新创业带头人达到100万,农业重点县的行政村基本实现全覆盖。

首先,要明确对象及重点。一要引导有资金积累、技术专长、市场信息和经营头脑的返乡农民工在农村创新创业。二要引导大中专毕业生、退役军人、科技人员等入乡创业,应用新技术、开发新产品、开拓新市场,丰富乡村产业发展类型,提升乡村产业的层次水平。三要发掘在乡创业能人,挖掘"田秀才"等乡土人才及手工艺人等能工巧匠,支持创办家庭工场、乡村车间,创响"乡字号"乡土特色产品,保护传统手工艺,发掘乡村非物质文化遗产资源,带动农民就业增收。

其次,要强化政策扶持。一是加大财政政策支持,统筹利用好现有创新创业扶持政策。二是加大金融政策支持,落实创业担保贷款贴息政策,大力扶持返乡入乡人员创新创业。三是加大创业用地支持,做好农

村创新创业用地保障。四是加大人才政策支持。

最后,要优化服务保障。一是做好业务培训。依托普通高校、职业院校等开展创业培训,支持有条件的职业院校、企业深化校企合作,依托大型农业企业、知名村镇、大中专院校等建设一批农村创新创业孵化实训基地,为返乡入乡创新创业带头人提供职业技能培训基础平台。二是深化创业服务。发挥乡村产业服务指导机构作用,为农村创新创业带头人提供政策解读、项目咨询、土地流转、科技推广、用人用工等方面的服务,推进农村创新创业带头人在线、实时与资本、技术、商超和电商对接,完善农村信息、交通、寄递、物流线路及网点等设施,健全以县、乡、村三级物流节点为支撑的物流网络体系。三是落实组织保障。各相关部门要聚力抓落实,农业农村部门要尽职履责抓好农村创新创业带头人培育工作,挖掘一批农村创新创业带头人鲜活案例,讲好励志创业故事,营造激情创新创业、梦圆乡村振兴的良好氛围。

第三节　发扬基层党组织先锋力

一、强化干部队伍的使命担当

党中央、国务院明确提出实施乡村振兴战略,最终目标是乡村公共服务等明显提高,党组织领导的自治、法治、德治相结合的乡村治理体系更加完善,乡村治理有效、充满活力、和谐有序,乡村治理体系和治理能力基本实现现代化。实现乡村有效治理是乡村振兴战略的重要内容。乡村治理涉及村党组织与村级组织工作事务、乡风文明、道德引领、法治乡村、平安建设等村级政治、经济、文化等各个方面。基层干部在乡村治理中承担着举足轻重的作用。基层干部队伍政治素质高低、信仰信念坚定与否直接影响到农民的幸福生活和乡村的稳定发展,更关系到乡村振兴战略目标的实现。特别是在当下从巩固来之不易的脱贫攻坚成果平稳过渡到乡村振兴战略轨道的特殊时期,更需呼唤更多基层干部主动作为、敢于担当、尽心尽责,才能不断地改进农村发展面貌,才能真正实现乡村振兴战略目标。

基层干部要牢固树立责任意识,履职尽责是基本要素,日常工作能尽责,困难问题敢负责,出现过失敢担责。工作敢抓敢管,不怕得罪人,也不怕烦琐困难,要怀抱"天下兴亡,匹夫有责"的担当精神,秉承"士不可以不弘毅"的昂扬斗志,不因"避嫌而不言",不因"畏繁重而不举",愿做"先锋官",甘做"铺路石"。在改革发展全局中抢抓机遇、逢山开路、遇河架桥,才能无愧于岗位,不负重托,不辱使命。

基层干部要敢于担当、勇于负责,无论身处什么岗位、担任什么职务,在思想上把党和人民的利益放在第一位,在实际工作中把责任扛在肩上,把使命放在心上,对自己负责,对人民群众负责,责随职走、心随责走。担当就是能力。打铁还需自身硬,有过硬本领才能真担当、真负责、有底气。要树立正确的政绩观,强化责任意识,把做官当成做事,把行权当成履责,真诚倾听群众呼声,真情关心群众疾苦,以人民的利益为干事业的出发点,把为人民群众办好事做实事作为我们干事创业的不竭动力。

二 发扬党员骨干的带头示范作用

农村党员是在本乡本土成长起来的党的基层组织细胞,他们是党密切联系群众的桥梁和纽带。相对普通群众,农村党员文化水平较高、视野较开阔、思想较活跃、致富能力较强,他们身上所具有的这些优势决定了他们在乡村振兴战略实施过程中的重要地位。可以说,农村党员是乡村振兴战略实施进程中的中坚力量,是懂农业、爱农村、爱农民的"三农"

工作队伍的重要组成部分,是做好乡村治理工作的生力军。

发挥带头示范作用是对党员骨干的必然要求。党的先进性要求每个党员积极发挥党员的先锋模范带头作用,党员在为人民服务的过程中应该保持党的先进性,基层党员的自身素质和先锋模范作用有着密切的联系。党的先进性不仅需要党组织整体来体现,还需要由党员个体来表现。在乡村治理工作中,党员骨干应当成为相关政策的拥护者与推动者、乡村治理的带头人。

党员骨干带头引领风尚。党员骨干要发挥好示范引领的作用,争当倡树新风的先锋,成为广大群众的榜样和标杆。从自家做起,带头讲文明话、办文明事、做文明人,带头宣传倡导文明节俭办婚丧事、生态安葬、文明低碳祭扫等文明风尚。

党员骨干带头为民服务。推进农村党员家庭统一悬挂"共产党员家庭户"标牌,唤醒农村党员的党性意识,让他们牢记自己的身份和党的宗旨,坚定他们为人民服务的理想信念。组建党员志愿者服务队,围绕环境卫生、秩序维护、宣传服务等方面,从民生小事做起,为群众排忧解难。江西省萍乡市万龙山乡在农村无职党员中设立"初心志愿服务岗",是为了激发和调动农村无职党员紧紧围绕乡村振兴战略,参与基层事务管理、带动群众发展致富、维护社会和谐,在脱贫攻坚、农村人居环境整治、推进乡风文明等重大任务落实中发挥先锋模范作用。实现无职党员"无职"变"有职","无责"变"有责","无为"变"有为",推动基层党建和基层治理有效融合,提升乡村治理能力。2019年,万龙山乡候选全国乡村治理示范乡镇。

党员骨干带头解决矛盾。随着农村经济社会的快速发展,农村利益主体、社会阶层日趋多元化,各类组织活动和诉求明显增多,农村各类社会矛盾日益突出。农村党员作为乡村治理的生力军,要了解农民的诉求和期盼,化解农村社会矛盾,真心实意帮助群众解决其生产生活中的实际问题。安徽省萧县官桥镇为探索化解矛盾新方法,分村组建党员调解队伍,依托"送到家"活动,让党员志愿者主动走进农户家中化解矛盾纠纷,把平安和谐送到家。

党员志愿者多是村里的"大老支",人熟、地熟、情况清、威望高,他们在矛盾化解过程中有着自己的一套调解方法,他们人熟安抚缓解情绪有方法,他们地熟化解土地纠纷有妙招,他们情况清解决陈年老事心中明,他们威望高解决疑难杂症有奇效。一个矛盾调解下来,他们从"法、理、情"上对当事人进行引导,耐心劝导当事人,综合运用心理、情感、道德、法律等方法,以法律法规攻心,以情感为突破口,真正做到矛盾化解在村组之中,营造出和谐稳定的美丽新乡村。赵楼村村书记坦言道:"很多时候,老党员的几句话,一些小矛盾就能得到有效化解,比事后我们村干部再去调解的效果还要好,现在很多矛盾纠纷不出组就妥善解决了!在化解矛盾纠纷的同时,老党员还做好政策解读、宣传等工作,十分接地气。"

三、发挥村党组织的桥梁作用

乡村是国家治理的基本单元,乡村治理是国家与社会治理的基础构成和重要组成部分。作为党的"末梢神经"的基层党组织是千百万农民与党和政府之间的桥梁和支撑,是农业发展、农村进步、农民富裕的领导者、推动者和实践者,是乡村治理的根本力量和治理体系的中心。习近平总书记更是在新时代党的组织路线中特别强调"基层党组织要引领基层各类组织自觉贯彻党的主张,确保基层治理正确方向",进一步明确了党的基层组织在实现乡村治理现代化中的核心作用。因此,发挥农村基层党组织的桥梁作用,是实施乡村振兴战略的根本保障,是实现乡村治理现代化的必然选择。

"农村要发展,农民要致富,关键在支部。"党的十九大报告指出的加强农村基层基础工作,健全自治、法治、德治相结合的乡村治理体系,为

新时代完善乡村治理体系提供了新思路,更为乡村治理体系和治理能力现代化提出了新要求。

农村基层党组织是党在农村全部工作和战斗力的基础,是党联系广大农民群众的桥梁和纽带。要加强农村基层党组织对乡村振兴的全面领导,不断夯实基层党组织在乡村治理中的领导核心作用,确保乡村振兴战略稳步推进。要把基层党组织建设和村民自治组织建设有机地结合起来,以党的基层组织为核心,以村民自治组织为主体,从群众最关心、最现实、最迫切需要解决的问题入手,搭建共同参与平台,在党组织的带领下,进一步提升农民群众自我管理、自我服务水平。

参考资料:

[1] 杨凌,皇甫秋艳.找到"金钥匙" 破解新难题——雁鸣湖镇乡村(社区)治理创新学院开班现场探访[N].河南日报,2020-07-02.

[2] 肖大全,肖映胜.特色产业推进乡村治理:湖南脱贫攻坚"微观样本"的成功经验.中国社会科学网,2020-11-20.

[3] 彭磊.萧县官桥镇:党员带头化矛盾,平安和谐送到家.安徽法制网,2020-06-23.

[4] 中共中央关于坚持和完善中国特色社会主义制度推进国家治理体系和治理能力现代化若干重大问题的决定[N].人民日报,2019-11-06.

[5] 张静.社会治理:组织、观念与方法[M].北京:商务印书馆,2019.

[6] 贺雪峰.乡村振兴与农村集体经济[J].武汉大学学报(哲学社会科学版),2019(4).

[7] 农村党组织书记是振兴乡村的"中流砥柱".人民网,2018-05-17.

[8] 让基层党组织成为坚强战斗堡垒.人民日报,2017-10-24.

[9] 林尚立.组织创新:党的先进性建设重要战略[N].解放日报,2006-05-18.

第二章 完善村民议事协商制度

党的十九大报告提出"要推动协商民主广泛、多层、制度化发展",这项重大部署为推进农村议事协商制度化提供了政策依据。2019年6月,中共中央办公厅、国务院办公厅印发了《关于加强和改进乡村治理的指导意见》,该意见明确提出要健全村级议事协商制度,形成民事民议、民事民办、民事民管的多层次基层协商格局。2021年4月,中共中央、国务院印发了《关于加强基层治理体系和治理能力现代化建设的意见》,该意见指出统筹推进城乡治理,是实现国家治理体系和治理能力现代化的基础工程;同时,在加强基层群众自治制度建设方面,对组织群众自我管理、自我服务、自我教育、自我监督提出了制度性、规范性、程序性要求。因此,完善村民议事协商制度,是推进乡村治理体系和治理能力现代化的重要途径。

第一节 村民议事协商内容

一、村级公共事务

根据村民委员会组织法的相关规定,村级公共事务即村民委员会主要负责的事务包括:①村民委员会办理本村的公共事务和公益事业,调解民间纠纷,协助维护社会治安,向人民政府反映村民的意见、要求和提出建议。②村民委员会根据需要设人民调解、治安保卫、公共卫生与计划生育等委员会。村民委员会成员可以兼任下属委员会的成员。人口少的村的村民委员会可以不设下属委员会，由村民委员会成员分工负责人民调解、治安保卫、公共卫生与计划生育等工作。③村民委员会应当支持和组织村民依法发展各种形式的合作经济和其他经济，承担本村生产的服务和协调工作，促进农村生产建设和经济发展。村民委员会依照法律规定，管理本村属于村农民集体所有的土地和其他财产，引导村民合理利用自然资源，保护和改善生态环境。村民委员会应当尊重并支持集体经济组织依法独立进行经济活动的自主权，维护以家庭承包经营为基础、统分结合的双层经营体制，保障集体经济组织和村民、承包经营户、联户或者合伙的合法财产权和其他合法权益。④村民委员会应当宣传宪法、法律法规和国家的政策，教育和推动村民履行法律规定的义务、爱护公共财产，维护村民的合法权益，发展文化教育，普及科技知识，促进男女平等，做好计划生育工作，促进村与村之间的团结、互助，开展多种形式的社会主义精神文明建设活动。村民委员会应当支持服务性、公益性、互助性社会组织依法开展活动，推动农村社区建设。多民族村民居住的村，村民委员会应当教育和引导各民族村民增进团结、互相尊重、互相帮助。⑤村民委员会及其成员应当遵守宪法、法律、法规和国家的政策，遵守并组织实施村民自治章程、村规民约，执行村民会议、村民代表会议的决定、决议，办事公道，廉洁奉公，热心为村民服务，接受村民监督。

简单来说，村级公共事务，一般包括村级规划、生产指导、管理制度、乡村振兴、土地承包、耕地保护、财务管理、村级换届、计划生育、美丽乡村、治安管理、调解纠纷、民兵组织、关爱老人、妇女组织、公告公示、征兵工作、救灾救助、事务公开、村规民约、文书档案等。村级公共事务概括起来共有五大类，分别是基层组织建设、经济项目建设、集体资产管理、社会事务管理和公益事业管理。

（二）村级公共决策

公共决策是国家保障人民群众切身利益的直接体现，是国家治理体系和治理能力现代化的直接体现。村级公共决策是指村级组织在管理村级公共事务过程中所做出的决定，它是村级公共管理的首要环节，贯穿整个管理过程。为此，村级组织在公共决策中更加需要依法依规让人民群众和利益相关方参与到决策的讨论、制定和实施中来，充分开展议事协商，广泛征求意见，以提高决策的科学性、民主性。村级公共决策事项见表2-1。

表2-1 村级公共决策事项

序号	事项名称
1	村民章程及村规民约的修订
2	村内除"两委"成员以外的村务管理人员的选拔、任用和罢免
3	村庄建设规划，宅基地的安排使用，土地调整方案，征用、征收土地各项补偿费的分配和使用
4	村级经济和社会发展（包括基础设施建设）规划或年度工作计划
5	村集体经济项目的立项和建设方案，村经济实体的承包、租赁及收益的使用，数额较大的财务开支、集体举债、集体资产处置，以及集体企业的改制方案
6	村公益事业的筹资筹劳和建设承包方案
7	最低生活保障和优抚救灾救济款物的发放
8	社会治安、宗教事务管理
9	村集体管理人员的工资报酬、享受误工补贴的人数及补贴标准
10	涉及本村全体成员利益的其他重大事项

（三）村级公益事业

村级公益事业，不能简单地将其理解为慈善事业和救济事业，公益事业包含的内容很宽泛，凡是乡村内部不能由一家一户完成的、需要大

家投资投劳共同完成的事业都叫作公益事业。村级公益事业通常指：在构成农村社会中不以营利为目的，涉及广大农民生产生活切身利益需求的，靠一家一户自己独立进行是办不到也无法办的一些事项。如道路、沟渠、河道、文化娱乐场所、村级公共服务设施建设等，就是农村公益性事业。具体到一个项目就是农村公共工程。村级公益事业主要包括教育、医疗、农田水利和社会保障四个方面。

国务院有关部门针对村级公益事业专门颁发过文件，例如国务院农村综合改革工作小组、财政部、农业部《关于开展村级公益事业建设一事一议财政奖补试点工作的通知》（国农改〔2008〕2号）。为支持地方开展村级公益事业建设，专门开展财政奖补工作，2009年1月，财政部又下发了《关于村级公益事业一事一议中央财政奖补事项的通知》，对奖补原则、奖补办法、财政奖补资金的管理和使用等问题都做出明确部署。

（四）民生热点难点问题

当前，在中国农村，民生热点难点问题主要有三大类。一是农村基础设施建设，例如村内生产生活道路的新建与维修，农田水利工程、农产品加工和储存设施的建设等。二是劳动收入的提升，例如围绕农业生产技术、经营管理能力、就业岗位的扩充等一系列可以提高个人收入的就业能力提升需求。三是完善农村公共服务体系，列入建成面向村民提供就业、社保、教育、卫生、文体、法律等窗口服务的村级为民综合服务中心。

▶ 第二节　村民议事协商主体

村民议事协商主体，即开展村民议事协商活动的主要参与者。在现实中,协商主体包括村民和村级各类组织,即个人主体和集体主体。村级议事协商过程中,参与者主要有以下几类:乡镇及以上政府,村"两委"会,普通村民(村民代表),其他村级组织(包括村集体经济合作组织、村级综合治理委员会、村嫂理事会等),以及乡村治理中的其他机构和团体。

一 村民议事协商组织

村级组织是乡村社会治理的多元主体之一,也是议事协商的组织基础。村级组织主要包括四大类:一是政治性公共组织,二是经济性合作组织,三是文化社会组织,四是村级公益组织。村级政治性公共组织是议事协商的组织载体,村级经济合作组织、公益组织等都是当前村内议事协商的重要力量,它们由村民自发组织产生,服务于村民,积极参与村庄治理,是农村民主健康发展的积极力量。

第一,政治性公共组织。主要有村民委员会、村民代表会议、村民会议和村民小组等。村民委员会的组成为议事协商提供了组织载体。由村民委员会主持的村民会议和村民代表会议为村民提供了政治参与机会,通过会议,村民能够决定本村事务,在参与过程中提高了政治参与的能力;同时,协商参与也有助于培养合格公民。村民小组是在村民委员会下设立的小组,由几户、十几户或几十户组成。其一,村民小组作为最基层的组织,村干部能够直接通过村民小组听到群众的声音;其二,村民小组作为一个利益共同体,能够在协商过程中表达集体利益。

第二,经济性合作组织。改革开放以来,农村开始实施家庭联产承包责任制,伴随着农村经营体制的创新和生产产业化,农村出现了大量的经济合作组织。这些经济合作组织的出现,一方面,提高了农民的组织化程度,能够满足弱势村民的需要;另一方面,能全面提升村民的政治素质,通过加入村级经济合作组织,村民与政府的联系加强,村民的政治

民主意识增强,参政意愿提高。

第三,文化社会组织。主要有文化娱乐组织、公益组织和乡贤理事会等。文化娱乐组织主要包括农村歌舞、书法、体育、读书及各类村庄传统艺术领域的民间组织。参与文化活动,能够丰富村民的农闲生活并促进村民的感情交往,满足其精神需求;同时,开展持久丰富的文化活动,潜移默化地教育教化村民,有助于村庄良好社会风气的形成。

第四,村庄公益组织。村庄公益组织从事的公益事业主要包括三类:一是包括农村道路、快递等公共基础设施的公共性公益事业,二是包括农村电力和水务等公共设施的公用性公益事业,三是包括农村文化娱乐和医疗卫生、环境治理等的福利性公益事业。村级公益组织在救助弱势群体、完善村庄建设的同时,能够增强村民的民主素质。公益互动具有公开透明性和社会参与性,公益组织在村庄开展的活动需要村民参与并发挥监督作用,村民在各种公益活动中,能充分享受到作为主人应有的权利,并培养了主人翁意识,逐步加深了对民主和协商民主实践的理解。

二 村民议事协商要求

从目前国内多个村庄议事协商的实践情况来看,村民议事协商主体一般都是公民个体,协商主体的产生采用的是有任期的代表制。协商主体的产生和组成需要满足包容性和平等性的原则。所谓包容性,即认为协商是所有公民都可参与,在对话中相互交换理性观点,从而合理地影响协商结果。在包容性的基础上,是对理想化协商民主中的平等状态的追求,具体又可以分为地位平等、能力平等、机会平等。具体而言,要实现协商主体的包容性和平等性,首先不能设置带有歧视性的准入门槛。例如,温岭和彭州两地的刚性设置是协商参与者满足十八周岁的年龄要求。其次应在可能范围内丰富人口统计学层面的特征,包括性别、学历、婚姻状况、工作单位等。比如,温岭市为了加强妇女的参政议政意识和能力,还召开过具有专题针对性、只有妇女参与的民主恳谈会。

三 村民议事协商主体渠道

城乡二元格局下,巨大的城乡差距表现在经济、政治、社会、资源等各个方面。快速的城市化建设吸引了大量的农村精英走向城市,他们通过参军、升学、务工、经商等多种形式走出农村,定居城市。当前,国内的农村居住主体以老人、妇女和儿童为主,他们受到学识限制,协商能力普遍低下,这就需要我们构建村民议事协商的多元主体。

在村民议事协商过程中,政府官员、高校专家和学者作为村民议事协商的多元主体,发挥着至关重要的作用。第一,为村民解读国家政策并提供发展建议。针对相关的政策性或者技术性问题,聘请相关的专家学者为农民进行详细的解读。同时,就村庄治理问题为基层政府提供决策咨询和参考意见。第二,提供技术指导和培训。专家和学者的业务培训,能够使文化水平不高的村干部和村民代表掌握一定程度的专业知识,以更好地开展协商活动。第三,全程参与村庄协商,在协商中及时给予指导,增进村民的协商理性。一方面促进理性表达,保证参与者以理性的态度和方式表达观点,给出理由,提出疑问。另一方面促进理性沟通,使参与者在改变自己偏好和观点时,是出于理性的判断而不是其他原因。

乡贤理事会由村庄中的乡贤组成。"乡贤在基层治理中指宗族长老、经济文化能人、农村老党员、老教师、老模范、老干部、复退军人,以及热心本地经济社会建设的其他人士。"可以说,乡贤是村庄社会的精英群体。乡贤群体对协商民主的作用主要体现在:一是表达村民民意。乡贤一般民主意识较强,能代表村民与官方进行沟通,有效表达村民的民意诉求。二是传播传统文化,捍卫传统价值。乡贤们通过私塾和祠堂等活动能够传播传统文化的知识要点和价值体系;同时,一定的文化观念决定了乡贤特定的政治价值观,并在村庄协商民主实践中一以贯之。三是道德示范作用。乡贤群体不仅是村庄内的精英,同时也是村民中的道德楷模。四是"润滑剂"的作用。在村庄活动中,能够协调村"两委"会干部与村民之间的关系,增强相互之间的信任感。

第三节 村民议事协商形式与程序

一、村民议事协商形式

创新议事协商形式和活动载体,依托村民会议、村民代表会议、村民议事会、村民理事会、村民监事会等,鼓励农村开展村民说事、民情恳谈、百姓议事、妇女议事等各类协商活动,是形势发展的必然要求,是大势所趋,更是农村治理的必由之路。但是,每个村庄都有自身的独特性,村情也有很大的差别,每个村庄开展村民议事协商都有各自的形式。因此,必须立足本村的实际情况,因地制宜,探索出适合自己的多种类型的协商形式。

可以根据议事协商的主体特性,如年龄、受教育水平、职业等,确定开展议事协商的形式。例如,针对老年人群体的相关事务,可以采取座谈会、恳谈会等形式进行;针对高水平知识分子的相关事务,可以采取听证会、评议会等形式进行。从目前国内成功的议事协商案例来看,村民议事协商的形式主要有以下几种,如民主恳谈会、民主议事会、社区议事会、党群议事会、公民听证会、公民评议会等。

随着信息技术的不断发展,"互联网+"已经广泛深入到人们的工作和生活中,"互联网+村民议事协商"将是未来开展村民议事协商的主要形式。一是网络的公开性与公共性,与协商民主的精神实质不谋而合,其具有直接、平等、灵活等优势,为协商民主在基层政府与公民间双向、多层、畅通传输开拓了新的领域。二是充分利用微信、微博等新媒体及时发布村民议事协商的议题、过程和结果,发挥新媒体的政治导向作用和政治参与作用,有利于加强信息资源的传播和流动,加快村庄协商民主的建设进程。

乡村治理千头万绪,群众诉求也各有不同,通过"互联网+",参与的范围更加广泛,讨论更加充分,各方诉求更加全面,"做什么、做不做、谁来做、做得怎么样"都是大家充分讨论后决定的,如此一来,原先由于沟通不畅或观念不同等产生的误解,自然也就烟消云散。浙江省温州市龙湾区永兴街道乐二村近些年来通过微信公众号现场直播的方式,将村级议事过程实时传送到每一个实况收看的村民的手机上。为了让每户至少有一人关注,直播前两天,该村村"两委"干部、党员等挨家挨户进行宣传和动员。直播过后,村民还可通过微信公众号提意见,村委会及时进行处理协调再落实。

这是一场不同于以往"少数人"到场的议事会,而是人人都在"现场"的议事会,既激发了村民参与其中的热情,也提升了乡村治理的效能。从另外一个层面来看,让每户村民对议事过程和议事结果的实施进行监督,可以帮助基层干部更准确全面地了解老百姓的想法,也倒逼基层干部工作作风更严更实,决策更贴近实际,有利于大家劲往一处使、心往一处想,共同绘就乡村振兴的最大同心圆。

二 村民议事协商程序

完善的村民议事协商程序是提高议事协商有效性的重要保障,在村民议事协商的过程中,协商议题的确定、协商过程的操作、协商结果的达成与落实监督等方面都要实现有法可依,有章可循。

协商议题。村民议事协商的议题要重点关注人民群众反映强烈的问题,关心村庄内的弱势群体,要确保议题能问民需、解民难。一是选择议题的原则要与党的方针路线保持一致,从村民的迫切需求入手;二是选题思路要围绕群众关注的热点难点问题展开。

协商过程。一是主持人中立规则。选择有一定的沟通经验和群众认可度较高的人担任主持人,能正确引导议事协商过程的开展,保障议事协商的基本理念实现,防止协商过程出现偏离和失控。二是理性有序发言。将有序发言和无序发言相结合,有序发言指通过随机抽样的方式决定发言顺序,以保证每一个参与者都有发言的机会,无序发言主要是根据参与者的意愿在规定的发言时间内任意发言。同时,对发言的时间做出范围界定,以有效利用有限的会议时间。三是协商决策的做出必须依赖协商结果。协商的过程是为了了解村民的偏好,必须充分尊重村民的意愿,能够直接形成决定的,根据协商共识直接形成决定;不能够直接形成决定的,政策最后的制定也必须充分考虑协商结果,不能偏离协商共识。

协商结果的落实与监督。协商结果形成以后,有没有按决策严格地进行落实,不仅直接关系到本次村民议事协商的成效,更会影响村民进一步参与议事协商的积极性,甚至会影响村民对议事协商制度的信任度。因此,必须加强对协商过程和协商结果落实情况的监督和反馈,以求最大限度地促进协商成果的转化。第一,建立公示制度,充分利用村务公开栏、村民小组微信工作群和村微信公众号等形式,对协商议题、协商程序、协商结果与落实情况、村内各项事务和财政收支等进行公示,保证各项决策的公开和透明,将村委会的各种政策行为置于村民监督之下,从而保障村民的知情权和监督权。第二,成立由村民代表组成的监督小组,把协商结果的落实严格置于群众的监督之下,或者申请第三方如相关政府部门对协商结果的落实进行监督。第三,加大对协商结果未落实现象的问责力度,通过问责,让决议执行者树立敬畏意识,时刻牢记自己的责任,在决议执行过程中,克服随意性和盲目性。

近些年来,广东省清远市辖市英德市上太村坚持村民协商民主议事,走出一条民意民议、民事民决的协商治理新路子。

"今天,我们将向大家推荐种植'致富椒'的'朝天椒28号',项目以'基地+贫困户'的模式推进,贫困户前期种植成本(种苗及有机肥)共1 300元,由清远市自然资源局与清远市科学技术协会统筹解决,以解除大家的后顾之忧。大家有什么意见?"2018年3月29日一大早,上太村村委会议室内座无虚席,一场村民协商民主议事会正在如火如荼进行中。会议一开始,清远市自然资源局驻上太村第一书记罗旭鸣就上述问题与村民进行探讨。

据悉,在几个月前,有不少村民向他反映,目前该村很多田地撂荒,近年也没有合适的农产品做脱贫产业支撑,农产品种植产业断层,村民对此非常着急,希望能够尽快解决。

在了解到相关情况后,罗旭鸣立即联合该镇领导、村"两委"深入田间地头调查群众反映的情况,并召开了此次民主议事会。会上,大家各抒己见,参会的村民纷纷发表意见,尽管内容不尽一致,甚至时有冲突,但是民主议事、民主决策的氛围却愈加浓厚。

在听完了大家的发言后,罗旭鸣表示,鉴于前期已进行的调查摸排,现在就由大家自主报名是否种植"朝天椒28号",随后再根据报名的面积订购椒苗,并核实相关情况。"如果大家积极性高,我们将整合土地进行集中连片发展基地种植,大家再次举手表决是否集中连片种植,然后进行全村公示。"罗旭鸣说。

"东风、前进、上角组水渠淤泥太多了,涉及10公里(1公里=1千米),我们耕作太麻烦了。看看这个问题能不能解决一下?"会上,村民邝大叔提出问题。对此,会议负责人表示将会协调跟进。"这次会议的过程比以前公开透明多了,我们都有了参与权。"邝大叔在会后不禁为此次民主议事会点赞。

"村里大事小事都是村民说了算,群众参与、充分自主的协商民主议事会,不仅变'代民做主'为'由民做主',更激发了群众真正当家做主的内在动力。"罗旭鸣说。村里还设立了民主理财小组、质量监督领导小组、财务监督小组对该项目予以监督,确保协商结果落到实处。

据悉,自上太村村民协商民主议事会开展以来,共收集到意见建议30多条,解决问题20多个,有力地促进了上太村的基层治理建设,村风、村貌焕然一新。

如今上太村设立了村级权力清单,内容涵盖重大决策、招投标管理、财务管理、集体资产处置等,村级行政权力运行已实现了全覆盖、透明化。在决策程序上,村委明确规定,凡属重大事项都要由村党组织提议,村"两委"会联席会议商议,党员大会审议,村民代表大会决议,村"两委"会组织实施,以及村监会全程监督。下太镇镇政府有关负责人表示,上述的治理实践不仅大大提高了村级治理的有效性,而且明显改善了村干部与村民的关系,村民也更加信任镇干部、村干部。

▶ 第四节 提高议事协商能力

一 提高村级组织负责人的协商能力

2021年2月,中共中央办公厅、国务院办公厅印发了《关于加快推进乡村人才振兴的意见》,明确提出要加快培养乡村治理人才,推动村党组织带头人队伍整体优化提升。十九大召开后,中央陆续出台了与农村建设相关的一系列文件、政策,基本都涉及了村级组织负责人"一肩挑"的议题。2018年9月,中共中央、国务院印发《乡村振兴战略规划(2018—2022年)》,文件要求:"坚持农村基层党组织领导核心地位,大力推进村党组织书记通过法定程序担任村民委员会主任和集体经济组织、农民合作组织负责人。"在乡村振兴战略规划的主要指标中,将"村党组织书记兼任村委会主任的村占比"的目标值设置为2020年达到35%,2022年达到50%。2018年12月,中共中央印发了《中国共产党农村基层组织工作条例》,要求"村党组织书记应当通过法定程序担任村民委员会主任和村级集体经济组织、合作经济组织负责人,村'两委'班子成员应当交叉任职"。2019年1月,中共中央、国务院印发了《关于坚持农业农村优先发展做好"三农"工作的若干意见》,要求"全面推行村党组织书记通过法定程序担任村委会主任,推行村'两委'班子成员交叉任职,提高村委会成员和村民代表中党员的比例。加强党支部对村级集体经济组织的领导"。2019年4月,中共中央、国务院印发了《关于建立健全城乡融合发展体制机制和政策体系的意见》,要求"强化农村基层党组织领导作用,全面推行村党组织书记通过法定程序担任村委会主任和村级集体经济组织、合作经济组织负责人"。

乡村治理能力主要体现在党建引领能力、群众自治能力、法治保障能力、德治教化能力、社会统筹能力、科技支撑能力、基层权力监督能力等方面,而上述能力的提升关键要靠带头人的个人能力、村党组织的整合能力的提升。当前,村级组织负责人的协商能力还需提高。涉及村民利益的事情,不论大小,也不论受益人群的众寡,理应由广大村民按照村民自治的原则来确定。然而,现实中,部分村级组织负责人与民议事协商的思想意识较为淡薄,"为民做主"意识较为浓烈,往往"代民做主",自认为自己就代表了群众,不愿意与民协商;有的以个人喜好、个人利益为目标,掺杂私人恩怨、人情世故或个人利益,不敢与民协商;更多的是村级组织负责人片面地认为群众的参与意识不强、参与能力不足,不想与

民议事协商。

面对乡村治理的新要求,一是做好村级组织负责人的选拔工作。按照"思想政治素质好、道德品行好、协调能力强,公道正派、廉洁自律、热心服务"的标准,选拔村级组织负责人。重点从本村致富能手、外出务工经商返乡人员、本乡本土大学毕业生、退役军人中选拔。二是做好村级组织负责人的培训工作。定期组织村级组织负责人参加社会工作职业资格评价和各类教育培训,提升村级组织负责人的治理能力。要有适用、针对性的培训机制,如鼓励村级组织负责人参加"一村一名大学生"的学历提升行动,并安排专项经费,鼓励村级组织负责人积极参加自考、函授等学习,不断提升素质,增强能力。

二 提高村民的协商能力

在乡村振兴战略背景下,要充分调动广大村民参与乡村治理的积极性和主动性,通过村民议事激发基层群众的集体智慧和力量,在实践中引导村民对乡村发展进行理性思考,不断提升他们表达、议事和讨论的能力,培育乡村内生发展动力,提升乡村治理综合水平。

村民是议事协商的主体,但是不具备实施民主的教育基础,村民的文化和教育水平极大地限制了协商民主的推进。因此,推行村民协商民主,首要的是提升村民的协商能力。一是努力发展农村教育,保证每个适龄儿童受教育的权利,培养一批文化素养强的"新生代农民",为协商民主的未来发展打下牢固基础。二是定期有针对性地对村民进行民主培训,提升村民的协商能力。具体可以采取会议、书本材料及专家讲座等形式。三是通过协商民主实践活动,让村民在实践中学习和运用协商方法,掌握协商程序,形成和强化其民主意识与民主信念。四是提高村民参与的积极性。坚持执行好村民议事协商制度,逐步形成民事民议、民事民办、民事民管、共建共享的氛围,特别注重吸纳在外务工群体的意见,让这些"当家人"代替留守老人参与议事协商,效果与作用更明显。

参考资料:

[1] 万笑影."互联网+",议事更充分[N].浙江日报,2018-06-01.

[2] 邓文燕,张科进.下太镇上太村村民协商民主议事,走出基层治理新路子[N].南方日报,2018-04-12.

[3] 郝晶晶.城市社区议事协商的发展现状及对策分析——以北京市西城区B街道社区为例[D].北京邮电大学,2018.

[4] 鞠俊俊.村庄协商民主的运行机制研究——以X村为例[D].西北农林科技大学,2016.

[5] 雷兴长,杨华.甘肃农村基层组织运行与公益事业发展存在的问题及对策研究[J].兰州商学院学报.2006(04):83-89.

[6] 张露露,任中平.乡贤理事会对我国农村治理能力现代化的推进——以广东省云浮市为例[J].南阳师范学院学报.2015,14(08):1-5.

[7] 陈逸文.面向地方治理的基层协商民主机制与程序构建——基于温岭、彭州两地世间案例的研究[D].厦门大学,2019.

[8] 周怡.当前我国基础协商民主的模式研究——基于成都、余杭的案例[D].浙江大学,2015.

第三章 创新乡村治理方法

基层治,则天下安。乡村治,则百姓安,国家稳。

乡村治理是社会治理的基础和关键,是国家治理体系和治理能力现代化的重要组成部分。一般意义上讲,中国乡村治理的演进是由农村经济体制改革所倒逼和催生的。乡村治理不仅关系到农业农村改革发展,更关乎党在农村的执政基础,影响着社会大局稳定。

党的十八大以来,农村改革持续深入发展,特别是当前全面建成小康社会取得了决定性成就。我国开启全面建设社会主义现代化国家的新的历史征程,农村政权组织、财税体制、公共产品和服务等正发生巨大变化,由此引发中国农村社会治理的深刻变革。党的十九大报告提出实施乡村振兴战略,要"健全自治、法治、德治相结合的乡村治理体系"。党的十九届四中全会专题研讨国家治理的相关重大问题,明确指出"社会治理是国家治理的重要方面","必须加强和创新社会治理"。2017年底召开的中央农村工作会议,又明确提出"必须创新乡村治理体系,走乡村善治之路",并把它作为中国特色社会主义乡村振兴道路的具体路径之一。

2019年6月,中共中央办公厅、国务院办公厅印发的《关于加强和改进乡村治理的指导意见》提出,"以自治增活力、以法治强保障、以德治扬正气,健全党组织领导的自治、法治、德治相结合的乡村治理体系,构建共建共治共享的社会治理格局,走中国特色社会主义乡村善治之路,建设充满活力、和谐有序的乡村社会,不断增强广大农民的获得感、幸福感、安全感"。这些政策和意见都为完善新时代乡村治理体系、实现乡村善治指明了方向。

第一节 乡村治理百年历程

乡村治理是国家治理的重要内容和基础保障,其成效不仅关系到农民物质生活水平的提升与精神生活的改善,更是衡量执政党治国安邦能力、体现执政党发展理念的重要标尺。习近平总书记指出,"历史和现实都告诉我们,农为邦本,本固邦宁。我们要坚持用大历史观来看待农业、农村、农民问题,只有深刻理解了'三农'问题,才能更好理解我们这个党、这个国家、这个民族"。回顾中国共产党的百年发展历程,我们党始终高度重视乡村治理工作,并积累了丰富的实践经验,无论是新民主主义革命时期的解放农民,还是集体化时期的互助合作,抑或是改革开放起步时期的体制外突破,以及新时代的脱贫攻坚与乡村振兴,均可视为乡村治理的组成部分。某种程度上说,中国共产党的百年发展历史,也是一部中国乡村治理实践史。

一 政权下乡:民主革命时期党对农村革命根据地的治理与实践

农村革命根据地的建立和发展可以看作是特殊的乡村治理,它为积蓄革命力量,实现农村包围城市、武装夺取政权提供了战略依托,也是中国共产党领导乡村治理的起点。

土地革命战争时期,毛泽东同志率先开辟了井冈山革命根据地,在根据地深入开展土地革命、政权建设、党的建设和武装斗争实践,开始了乡村治理的有益探索。一是加强基层党组织建设,强化党的领导核心地位。在三湾改编和古田会议的基础上,毛泽东同志从军队抽调党员干部

帮助地方发展党组织,保证党组织对根据地的领导。二是不断推进基层政权建设实践,工农红军组织发动群众打倒土豪劣绅,建立了各级工农民主政权。三是积极进行武装斗争,为革命根据地建立和发展提供强有力保证。四是深入开展土地革命,先后颁布《井冈山土地法》《兴国土地法》,在边界各县开展分田运动,满足农民的土地诉求。这些举措大大调动了农民的革命积极性,为革命根据地的发展壮大打下了坚实基础。

抗日战争时期,随着国际国内形势的变化,在保障胜利的前提下,我们党领导乡村治理的政策也进行了一定调整。一是积极推进乡村基层政权建设。通过"三三制"吸纳社会各阶级参与政府组织以适应抗战需要,通过广泛的民主选举巩固提升基层政权。二是成立各类群众组织。鼓励并指导农抗会、妇抗会、青救会等社会组织发动群众从事抗日救亡、社会生产等活动,使其赢得民众的信赖,成为乡村社会重要的领导权威。这一时期,群团组织对瓦解封建保甲制度、拓宽党在乡村的社会基础发挥了重要作用。

人民解放战争时期,各解放区高度重视农业生产,通过兴修水利、发放贷款、组织互助等办法迅速恢复农业生产。同时,各解放区重点加强基层政权和群团组织建设,通过调整干部配备、健全领导机制等,使人民解放军有了稳固的后方。此外,这一时期的土改运动也在很大程度上提高了农民的政治觉悟,为解放战争提供了源源不断的人力物力支持。

(二) 政社合一:新中国成立至改革开放前党的乡村治理探索与实践

新中国成立后,党一方面通过土地改革废除了地主阶级封建剥削的土地所有制,把土地分配给农民,提高了农民的经济地位、社会地位,也提升了农民的民主意识和政治参与意识,为农民融入新生的人民政权打下了经济基础。另一方面,通过重塑基层政权,规范了乡村的基层组织建设。1950年,政务院颁布了《乡(行政村)人民代表会议组织通则》和

《乡(行政村)人民政府组织通则》,开始在城乡基层普遍建立区、乡(村)人民代表会议制度,定期召开人民代表大会,同时还规定乡和行政村并存;1954年的《中华人民共和国宪法》和《中华人民共和国地方各级人民代表大会和地方各级人民委员会组织法》,从法律上明确了乡镇政权在乡村的合法地位,为我国乡村基层政权奠定了制度基础。伴随着社会主义改造,乡、镇建制逐渐被初级社和高级社所取代,形成了以"一村一社"为典型特征的村社合一的体制,农民不仅被纳入国家的经济体制中,也被纳入国家的政治体制中。这一时期,以政权建设和农业社会主义改造为基础,我们党进一步发展了党支部、共青团、妇女会、农会等组织,为打破乡村治理族权、重建乡村治理秩序打下了组织基础。

三) 乡政村治:改革开放后党的乡村治理实践与发展

改革开放以来,中国发生了翻天覆地的变化,随着农村改革的深入推进,乡村治理模式也实现了转型发展。在经济体制上,家庭联产承包责任制推动农村形成了统分结合的双层经营体制,调动了农民的生产积极性,使农村的农业生产焕发出勃勃生机。与此同时,乡村治理模式也开始寻求突破。1980年,广西合寨村率先成立了村民委员会,实行民主选举、民主决策、民主管理、民主监督。这一举措经过两年的总结和完善,在1982年第五届全国人民代表大会第五次会议上被写进《中华人民共和国宪法》(现行《宪法》),村民委员会成为我国基层群众性自治组织。此后,我国基层政府逐渐恢复乡(镇)建制,乡村治理开始由政社合一向村民自治转变。

1987年,第六届全国人大常委会第二十三次会议通过了《中华人民共和国村民委员会组织法(试行)》,对村民自治的性质和地位做了明确规定,并提出乡镇政府和村委会是指导与协助的关系。1998年,该法正式通过,村民自治不仅有了实践基础也有了法律依据,标志着我们党对

乡村治理的领导进一步规范化。

进入21世纪,随着中国加入世贸组织,农业、农村和农民面临的竞争压力日益增大,中国的乡村治理进入税费改革和新农村建设阶段。为解决好"三农"问题,减轻农民负担,我国废除了农业税,并对农业生产进行补贴。这一举措大大降低了农业生产成本,保证了农民种粮的积极性,稳定了农村的社会环境。2005年,党的十六届五中全会通过了《中共中央关于制定国民经济和社会发展第十一个五年规划的建议》,提出要按照"生产发展、生活宽裕、乡风文明、村容整洁、管理民主"的要求建设社会主义新农村,并提出要通过积极推进城乡统筹发展、推进现代农业建设、大力发展农村公共事业、千方百计增加农民收入等措施来促进农村发展。2006年中央一号文件强调要完善建设社会主义新农村的乡村治理机制。2007年党的十七大进一步提出,要"实现政府行政管理与基层群众自治有效衔接和良性互动","扩大基层群众自治范围,完善民主管理制度,把城乡社区建设成为管理有序、服务完善、文明祥和的社会生活共同体"。这为实现乡村治理现代化提供了重要指引。

(四) 多元共治:十八大以来党对乡村治理的创新与提升

中国特色社会主义进入新时代,中国农村发展出现了许多新情况新问题,对乡村治理也提出了很多新要求。我们党从理论和实践上对乡村治理模式进行了许多改革和创新。总的来说,主要体现在以下三个方面:

一是强调党建对乡村治理的引领作用。习近平总书记提出,"农村工作千头万绪,抓好农村基层组织建设是关键",要"重视农村基层党组织建设,加快完善乡村治理机制。"2014年,中共中央办公厅印发了《关于加强基层服务型党组织建设的意见》,提出"农村党组织要围绕推动科学发展、带领农民致富、密切联系群众、维护农村稳定搞好服务,引导农民进行合作经营、联户经营,开展逐户走访、包户帮扶,及时办理、反馈群众诉求,帮助群众和困难党员解决生产生活、增收致富中的实际问题"。我们党先后开展了党的群众路线教育实践活动、"三严三实"专题教育,在深入推进反腐倡廉的同时,强化农村基层党员干部队伍建设,为农村基层党组织注入了新鲜活力,为提升乡村治理水平奠定了人力资源基础。

二是由单一治理向多元协同式治理转变。过去的乡村治理以政府自上而下的推动为主。十八大以来,随着"五位一体"总体布局、"四个全面"战略布局和新发展理念的提出,党的治理理念和治理方式也开始向多样化、动态化、多元化转变。首先,治理边界变得更为开放畅通。过去,在村委会和党支部共同承担乡村治理主要任务的情况下,村委强调村民自治,党支部坚持党委领导,村"两委"关系不够协调。十八大之后,两者边界变得更加开放,沟通更为顺畅,关系更加协调,联动性更强。其次,治理主体更加多元化,由过去单一依靠政府向政府、基层党组织、农民群众、其他社会组织和社会化服务机构协同治理转变。最后,治理方式更加多样化。由单一行政命令、运动式推进向多元平台互动、广泛协商民主转变。

三是乡村治理力求务实化具体化精细化。我们党始终强调一切工作要脚踏实地、务求实效。过去,乡村治理比较重视脱贫致富、村务公开、村委会选举等大事,现在的乡村治理在抓好大事的同时,更加关注群众身边的"小事",以群众满不满意为出发点和落脚点,治理单元下移,通过网格化、精细化、智能化治理等切实解决人民群众关心的问题。

第二节 乡村治理存在的问题

虽然目前我国乡村治理取得一定成果,但当前,我国乡村治理体系

和治理能力现代化水平还不高,治理理念、治理方式、治理手段还存在着许多不适应的地方,乡村治理需要破解的难题还有不少。

一 农村基层党组织治理能力有待加强

农村基层党组织是党在农村地区工作的组织基础,始终发挥总揽全局、协调各方的领导核心作用。党组织作为乡村治理的领导核心,是乡村振兴战略实施的领导者,是农业农村发展的推动者,是农民利益的维护者,其治理能力与水平直接制约和影响着治理效果。

一是党组织自身建设有待加强。农村基层党组织还存在着虚化、弱化、边缘化的不良态势。目前,部分农村基层党组织党内生活制度落实不力,组织生活随意,党内生活质量不高;党员管理松散,少数党员游离在组织之外。二是党员干部队伍有待优化。目前乡村党员干部队伍结构严重失衡,年龄日趋老龄化。这与年轻村民不愿入党或外出务工有关系,现在农村越来越空心化,家庭越来越空巢化,年龄越来越老龄化了,农村"三留守"问题越来越突出。现在乡村"空心化"现象严重,某些乡村70%以上的人外出务工,甚至出现"空心组"。三是党组织动员能力有待提高。由于基层党组织掌握的资源不足,导致基层党组织的动员能力严重下降,很难组织群众进行集体性、公益性的生产生活运动。四是党员领导干部法律素养参差不齐。农村党员领导干部作为农村社会的一员,受传统思想及教育程度等众多因素的影响,普遍法治素养不高,有的甚至是"法盲",对于农村社会转型进程中出现的新情况新问题无所适从。更有甚者,有的农村基层党组织还沦为宗族和恶势力攫取政治利益和经济利益的工具。党的十八大以来,党中央重拳打击贪腐"苍蝇",严肃查处发生在农民群众身边的腐败案件,取得了显著成绩。2020年,全国共查处民生领域腐败和作风问题12.4万个;共查处涉黑涉恶腐败和"保护伞"问题3.8万个;批评教育帮助和处理6.2万人,其中给予党纪政务处分的有3.8万人,主要涉及征地补偿、惠农补贴、集体资产处置等领域。

二 传统治理方式与现代化要求脱节

传统乡村治理采取的是村民自治和乡村德治的模式,1980年,广西壮族自治区宜山县三岔公社合寨大队首创村民自治的组织机构和制度,被称为"中国村民自治第一村"。中国农民自发的民主实践催生了具有真正现代化属性的基层自治组织——村民委员会。村委会在基层民主选举、民主决策、民主监督等方面发挥了积极作用,契合了农村社会转型初期农民群众的民主政治需求,实现了乡村地区的有效治理。20世纪90年代以来,随着市场经济的深化发展,乡村社会转型进一步加剧,发展迟缓的基层自治组织与农村多元的现代化转型之间的裂隙不断加大,治理能力严重不足。

现代德治的道德价值指向是以社会主义核心价值观为基础的社会主义道德,与传统中国的儒家道德有着本质区别,今天的社会主义道德是一种被普遍认同的道德标准。而德治作为一种"软约束"手段,其实施效果难以在短期内呈现,其发挥的作用也存在一定的限制。特别是在社会转型背景下,传统农村社会遭受某些不良文化思潮的冲击,影响了德治作用的发挥。因此,以自治和德治为主要形式的传统乡村治理不仅内生动力严重不足,也难以适应法治乡村的转型进程,构建新型的现代化乡村治理体系成为迫切需要。

三 法治作用发挥不够

法治发展的依靠力量在于人民群众。农民作为农村基层法治化治理的主体,其自身法治意识体现着乡村法治建设的实际水平,影响农村治理的实际成效。

费孝通曾指出,中国农村是一个熟人社会,传统民间文化和宗族理念依然占据主导地位,农民习惯于利用"人治"解决邻里矛盾,这不仅使得现代法律难以融入乡土社会,农民群众的法治意识也还处于空白状态,缺乏运用法律知识和法律程序维护法定权利的能力。自1986年以来,我国连续实施旨在提升广大人民群众民主法治意识的普法宣传教育五年规划,农民群体主动学法用法的积极性明显提高,普法宣传在一定程度上推动了农民个体法治意识的复苏和觉醒。然而,就现实情况而言,当前农民群众的法治意识尚不足以支撑新时代法治乡村建设的客观需要,不论从主体的法治意识还是法治实践来看,农村地区整体的法治意识水平都还远远落后于经济发展水平,这已成为农村法治治理的障碍性因素。加强村民法治意识的培育,有助于实现农民个体对自身权利的理性认知,在社会生活中能够自觉主动地利用法治方式进行自我管理和自我教育,推动法治乡村建设。

  同时,农村法制体系还不够完善。健全的法制体系是农村实现法治化治理的基础条件,改革开放以来,为了顺应农村改革发展的现实法治需求,涉农领域立法工作全面展开。经过不懈努力,到2010年,中国特色社会主义法律体系已经形成,农业农村各方面工作基本实现"有法可依"。然而,伴随着农村现代化转型的深化以及农业农村不断出现的新情况和新问题,涉农法律法规尚不能实现对农村全方位的支持和保障,仍然存在着法律缺位的真空领域,一定程度上反映出立法工作与农村实践的分离。除了村民组织法、土地承包法等法律外,与乡村社会相关的法律体系的构建滞后,未能构建全覆盖的乡村法律体系,乡村社会的法治化任重道远。与此同时,基层政府在依法行政方面还存在有法不依、执法不严、违法不究等问题,公务人员利用职权以言代法、徇私枉法、以权压法,办理"人情案""关系案",难以树立基层政府权威。部分司法人员作风不正、司法案件"暗箱操作",加之司法腐败等问题,这大大削弱了司法公信力,是阻碍农村法治建设的重要因素。

第三节 优化乡村治理路径

社会治理的基础在基层,乡村治理是社会治理的重点和难点。为加强和改善乡村治理,党的十九大提出要加强农村基层基础工作,健全自治、法治、德治相结合的乡村治理体系,这是党中央在总结基层探索基础上的新部署。2019年,中共中央办公厅、国务院办公厅印发了《关于加强和改进乡村治理的指导意见》,明确要坚持和加强党对乡村治理的集中统一领导,坚持把夯实基层基础作为固本之策,把治理体系和治理能力建设作为主攻方向,把保障和改善农村民生、促进农村和谐稳定作为根本目的。要全面加强农村基层党组织建设,深化村民自治实践,深入推进农村移风易俗,着力维护农村社会稳定,提升乡镇服务能力。

推进乡村治理法治化是乡村社会治理领域的一次伟大变革,要立足于新时代农村居民日益增长的美好生活需要这个最大实际,以农村党的建设为根本政治引领,构建符合中国农村特色的法制体系和治理体系,推进农村治理法治化提档升级,进而释放应有的治理效能。

一、强化乡村治理的政治领导

第一,优化基层政治生态。一是抓好农村基层党组织政治建设,严肃党内政治规矩和政治纪律,增强党员干部"四个意识",在思想上行动上与党中央保持高度一致,确保党的乡村治理方针政策落地。二是全面践行群众路线,抓好农村基层党组织的工作作风问题,加大对"微腐败"、不作为、乱作为等现象的惩处力度,营造风清气正的党内政治生态环境。

第二,强化基层党员干部队伍建设。一是实施农村基层党员干部培养战略工程,拓宽视野,拓展渠道,从返乡人员、退伍军人等各方面吸纳

人才,加强培养,锻造一支文化程度高、品质优秀、综合素质好的年轻干部队伍。近年来,各地的实践探索表明,"第一书记""新乡贤""大学生村干部""'三支一扶'人员"等,能够利用自身人脉优势、信息优势和资源优势,在乡村产业发展、经营管理、法治建设、社会工作等方面发挥积极作用,为推进乡村振兴奠定了坚实的人才基础。二是深化乡村治理人才引进、激励等制度改革。乡村政策千万条,最终都得靠治理人才来落实。要努力营造识才、爱才、敬才、用才的社会环境,让尊重劳动、尊重知识、尊重人才、尊重创造成为一种社会风尚,鼓励各类治理人才投入乡村振兴的事业,切实增强他们的自豪感、荣誉感,使他们"来者有其尊,优者有其荣"。让乡村的机会吸引人,让乡村的环境留住人,才能夯实乡村治理人才基础,为全面推进乡村振兴、加快农业农村现代化提供有力的人才支撑。近年来,入选第二批全国乡村治理典型案例的福建省晋江市在人才反哺上开拓思维,在全国首创农村治理人才认定机制,引导一批懂经营、善管理、会运作、威望高的能人加入乡村治理队伍;引进一批高端智库、专家学者进行项目指导;开展"五微五营双创"活动,吸引大学生创作实践;大规模抽调干部驻村蹲点、驻村任职,既助推了乡村振兴,也锤炼了干部本领。三是完善干部选拔任用制度,把从本地选拔优秀人才和引进外来人才相结合,把党政部门选拔任用和共青团、妇联等社团组织推荐培养相结合,多渠道选拔任用优秀人才,选好书记,配强班子,夯实基层党组织,提升治理水平。

(二) 构建"三治"一体的治理体系

党的十九大报告指出,要"加强农村基层基础工作,健全自治、法治、德治相结合的乡村治理体系"。"三治"结合的乡村治理体系作为新时代实现乡村有效治理的新路径,有利于克服简单化、单向度的传统乡村治理模式的弊端,充分发挥其综合治理、系统治理、法治治理的优势,在推进乡村有效治理的进程中发挥着积极作用。

深入推进"三治"结合的乡村治理体系,必须重点突出"三治"的协同互动,遵循治理价值人民性、治理主体多元性、治理方式灵活性的基本原则,注重农民群众自治诉求的合理实现,以法治德治建设不断涵养农民的精神世界,提升主体意识,进而培育其高度的政治积极性和参与度,为乡村治理创新提供不竭的内生动力。"三治"是有机整体而非简单组合,新时代乡村要以自治为核心,以道德力量为滋养,充分发挥法治的保障作用,建立自治、法治、德治相互补充并相互支撑的动态开放的治理体系,在优化整合中力争实现乡村治理体系的良性发展。

第一,加大普法宣传力度。首先,要立足于农村生产生活实际,着重宣传与村民切身利益密切相关的法律知识,切实提高村民的法治意识。充分利用微信公众号、抖音等新媒体形式进行宣传,通过乡间巡回法庭、法律电影下乡等村民喜闻乐见的方式不断创新宣传手段,营造良好的农村法治文化氛围,自觉树立内化于心外化于行的法治信仰,增强农民对法治乡村建设的归属感和认同感。其次,由相关职能部门结合乡村实际,研究制定一套切实可行的"乡村普法宣传教育"机制和方案,采取乡镇、村(社区)、村(居)民小组上下联动方式,通过召开党员大会、村民代表会、村民大会、村广播等形式,长期坚持开展普法宣传教育,使之常态化、制度化。再次,公检法司及其他行政执法部门要深入农村基层开展法治宣传教育,采取以案释法、以案说法、现身说法等喜闻乐见、通俗易懂的形式,寓教于乐。最后,加强对农村党员干部队伍的普法教育和培训,充分发挥其职能职责和表率作用,在群众中当好法治宣传员、矛盾纠纷调解员,弘扬法治精神,切实增强村民的法律素质和法治观念。

第二,促进基层干部依法行政。为切实提高农村基层干部的先进性、廉洁性,树立以民为本的宗旨意识,首先要严格对乡镇领导班子成员进行任前依法行政能力培训,干部大讲堂法治建设专题培训,等等,系统学习依法治国的基本理论。通过专题培训来提高依法行政、服务群众的本领,破解农村问题的本领,抵制腐蚀的本领等。其次要适时开展警示教育,通过以案说法,以身边的反面典型,警醒、教育基层干部。必要的时候组织基层干部到法庭、监狱开展现场警示教育,让基层干部感受自由的可贵,因腐败给家庭带来的沉重代价,珍惜服务群众的机会。

"由于自己放松了对世界观和人生观的改造,宗旨意识淡薄,没有抵挡住金钱的诱惑,滑入犯罪的深渊。我真诚地反思悔过,也希望大家以我为戒,吸取教训,悬崖勒马,主动认错。"在金寨县纪委监委组织全县2 000余名党员干部旁听汤家汇镇人大原主席胡拥受贿一案的法庭上,被告人胡拥忏悔道。这是金寨县近年来把警示教育抓在经常、融入日常,提升基层干部廉洁用权意识的一个缩影。

第三,大力推行德治建设。首先,要建立完善农村基层德治工作体系,全面落实村级自治组织德治主体责任,通过引导建立道德评议会、红白理事会、禁赌禁毒会等群众性组织,形成德治的外化组织,在改善不良风气等具体问题上,发挥组织引导作用、带头示范作用。其次,要大力推进农村文化建设。应以中华优秀传统文化为基础,深入挖掘优秀传统农耕文化蕴含的思想观念、人文精神、道德规范,大力推进农村文化建设,拓宽德治发挥作用的空间。最后,要做好多重保障。一方面,地方政府或基层组织要加强德治建设的人、财、物保障,让德治工作能够常态化、长效化;另一方面,要完善村民自治制度,坚持依法治理,让德治建设既没有后顾之忧,又能在完善的乡村治理体系下产生更加积极的作用。

(三) 建立健全系统完善的农村法律服务体系

农村公共法律服务作为政府基本公共服务的重要组成部分,加快建设和完善农村公共法律服务体系是建设法治乡村的重要内容,是建立健全自治、法治和德治相结合的乡村治理体系的重要组成部分,对维护农民基本权益、保障农民合法利益、促进农村社会环境稳定具有重大的社会现实意义。

第一,坚持立法先行,不断完善涉农法律规范体系。新时代立法工作要立足于乡土社会变迁的客观实际,重点解决农村改革发展的现实问题,构建全覆盖的农村法律体系,将法律渗透到农村土地、治安、教育、医疗等方方面面。同时,尊重农业农村发展规律,使相关法律制度既着眼于目前农村发展现状,又要具有很强的前瞻性,发挥法治保障农业农村发展的作用。

第二,坚持依法行政,树立基层政府权威。基层政府必须以依法行政理念为指导,努力以法治方式化解基层矛盾,大力推进政务服务公开,构建和完善彰显公开透明的治理程序,实现政府事权规范化、法律化。比如,浙江省绍兴市祝温村构建"三治合一"的现代乡村治理体系,安徽省滁州市创新清权、确权、晒权、制权运行机制,有效遏制了政府不作为、乱作为现象。这些都是新时代深入推进依法行政的有益探索。

第三,坚持公正司法,增强司法公信力。必须着力破解制约公正司法实效的深层次问题,党的十八大以来的司法体制改革在职权配置、权力运行机制、人权保障等方面大有作为,有效树立了法律权威和司法公信力。但外在变革必须结合农民群众的主体需求,将"法官驻村"等形式真正落实到位,加大法律援助和诉讼补偿,在转变法律服务方式的同时密切同农民的联系,推动基层司法活动和农民群众合法正当诉求同向发展。

为确保农村居民方便快捷地获得公共法律服务,实现"一站通""一线通""一网通",安徽省芜湖市司法局双管齐下完善农村公共法律服务体系。一是搭平台。借助"12348"公共法律服务网,建立具备法律咨询、人民调解、普法宣传、综合服务、政务监督、协调联动、舆情分析等多功能的网络与热线平台。立足实际,整合市(县)乡村各层级、各职能部门公共法律服务项目和公共法律服务产品,打造全市统一网上公共法律服务大厅。二是拓领域。健全法律援助联系点,完善农村法律援助联络员及便民服务机制,建立便民服务窗口,推进工作站点向乡村社区延伸,实现法律援助咨询服务全覆盖。开展系列助力农民工维权专题活动,面向全市发放农民工"维权绿卡"。坚持对特殊个案认真对待、急事急办、难事特办原则,为农民工维权开辟"绿色通道",及时分压化解。三是提质量。强化法律服务窗口标准化、规范化建设,实施乡村"一小时公共法律服务圈"工程,实现受援率100%。充分发挥公职律师专业优势,充实法律服务队伍,形成公职律师、社会律师相互补充的新格局。推进法律顾问全覆盖工程,全面落实"一村(社区)一顾问",积极为村民提供法律咨询,代写简易法律文书,帮助修订完善村规民约、社区公约等。截至目前,全市镇(街)公共法律服务工作站建成74个,配备工作人员171名,完成率100%,村(社区)建成公共法律服务工作室193家。

参考资料:

[1] 李楠.中国共产党推进乡村治理现代化的百年历程.人民论坛网,2021-05-07.

[2] 无为县人民政府.芜湖市司法局三措并举完善农村公共法律服务体系,2020-11-20.

[3] 刘金海.村民自治实践创新30年:有效治理的视角[J].政治学研究.2018(06):67-78.

[4] 于健慧.党建引领乡村治理:理论逻辑及实现路径[J].西北师大学报(社会科学版).2022(01):50-58.

[5] 丁文戴凯.合作共治:三治融合视阈下的村民自治转型——基于W村的实证调查[J].华中师范大学学报(人文社会科学版).2021(05):1-11.

[6] 梁纪毅.新时代乡村治理:困境与破局[J].农业经济.2021(10):43-45.

[7] 黄君录,何云庵.新时代乡村治理体系建构的逻辑、模式与路径——基于自

治、法治、德治相结合的视角[J].江海学刊.2019(04):226-232.

[8] 何祥.新时代皖西红色文化对乡村治理的影响探析[J].延边党校学报.2021(05):37-41.

[9] 曲霞新.时代基层党建的类型与引领乡村治理实践机制分析[J].中国延安干部学院学报.2021(02):87-94.

第四章 构建县乡村一体化服务体系

第一节 创新集中高效的县级行政模式

在我国国家治理体系中，县级政府的角色分工和职责有其独特性，在层级上处于功能齐全的最基层，在功能上直接连接乡镇、村最基层，既有宏观管理又有微观治理，起到承上启下的重要作用。因此，县级政府不断创新集中高效的行政模式，对更好发挥本级政府的职能至关重要。

一、做好乡镇赋能的"加法"

加大乡镇赋权扩能力度。因地制宜，因时制宜，依法依规根据乡镇实际需要，将一批基层急需、简单实用、易于操作的事项赋予乡镇，并根据实际情况设置一定时长的过渡期，如不合适，立即调整，确保赋权精准精当。逐步将涉及农村的环保、安全、食品药品监管、国土、农业、城管等领域的部分执法权下放乡镇政府。在乡镇设置综合行政执法机构，具体承担法定执法权，统筹协调县级部门延伸到乡镇的执法活动。设立乡镇级便民服务中心，推动审批服务事项"一口受理、一窗通办"，集中办理镇域范围内的行政许可和公共服务事项。

提升乡镇统筹协调能力。赋予乡镇辖区内事关群众利益重大事项和重大决策的建议权，涉及乡镇国土空间规划和公共服务设施布局的参与权,以及涉及需多部门协调解决综合性事项的协调权等职权。同时在各县建立健全上下联动的工作体制机制,由乡镇统筹协调县级部门及其派出机构、承担公共服务职能的企业事业单位等,共同做好辖区服务管理工作,形成以乡镇为指挥平台、部门高效履职、公众积极参与的基层治理格局。

乡镇是服务群众最直接的主体。推进基层治理现代化,乡镇是重要的桥梁和纽带。比如,近年来,浙江省衢州市在模块化改革中,最大限度地为乡镇赋权赋能。赋予乡镇(街道)党委对部门派驻机构和人员的指挥协调权、管理考核权和人事建议权。例如,派驻干部按照职责分工纳入相应模块设岗定责,服从模块牵头人的统一领导。制定派驻机构干部考核办法,考核以乡镇(街道)党委意见为主,考核奖金70%以上须由乡镇(街道)评议、发放,推动派驻干部与乡镇干部同吃一锅饭。尤其是在人事权上,规定派驻干部"任命听乡镇意见、提拔由乡镇主导、调动经乡镇同意"。据了解,衢州共有1 039名派驻干部与乡镇(街道)干部考核捆绑、待遇挂钩、调配联动,形成"条线"听"块面"的乡镇工作机制。

衢州市委编办主任华英介绍,衢州市还通过统筹编制资源向乡镇一线倾斜,为乡镇赋能。一方面,横向统筹大小乡镇之间的编制,给常住人口多、区域面积大、发展任务重的乡镇(街道)增加编制,同时,核减部分小乡镇的编制。另一方面,纵向通过多途径调整收回县级层面的事业编制,补充乡镇力量。目前全市乡镇已增加了88个编制,其中,增幅最大的一个乡镇一次增加了12个编制。

衢州柯城区荷花街道党工委书记方育娟说:"街道所有干部打破身份标签后,探索建立了'岗位赋分、模块评分、专项加分、组团积分'的四维工作考核体系。设置62个岗位,不论编内干部、派驻人员还是编外用工,全部双向选择上岗,以实绩论英雄。比如,通过岗位赋分,能力强的,可选分值高的岗位,甚至可以选多个岗位。一年下来干部绩效奖励最多

与最少的相差近5万元。这不仅激发了干部潜能,盘活了人力资源,也提升了行政效能。"目前,这套工作考核体系已在衢州全市推广。

二 做好乡镇减负的"减法"

全面建立乡镇权力清单、属地事项责任清单、公共服务事项清单制度,实行"三单合一",在此基础上建立完善乡镇事权准入制度,进一步厘清乡镇与县级职能部门的权责边界。全面清理各类"一票否决"事项和签订的各类"责任状",坚决杜绝以分解下达指标、考核验收等方式将工作责任转嫁乡镇承担。

优化考核体系,树立基层治理导向。全面清理县级各部门与乡镇(街道)签订的各类"责任状"和考核评比等事项,统一规范针对乡镇(街道)的评比达标、示范创建等活动,切实减轻基层负担。建立完善县级统一考核乡镇工作机制,由目标管理部门实施。县级各部门加强对乡镇业务的指导和监督。部门派驻机构履职情况由乡镇评定,避免部门借考核名义将工作任务下压到乡镇的现象发生。

在江苏省宿迁市,"负担少了"正日益成为基层广大党员干部的切身体会。从2018年底以来,该市打出"组合拳"放大减负成效,推动做好基层减负这篇"大文章"。

村部"减牌"。肖桥村曾一度被"庙小牌子多"所困扰,"应付检查,哪个部门下来,四个螺丝一拧,就换哪家的牌子"。现在,检查少了,为民服务空间大了,肖桥村的综合文化服务中心设置了阅读室、活动室、剪纸工作室。

干部"减会"。以前,群众到社区就像进机关,一找干部不在,经常是"开会去了"。"如今,社区干部天天围着我们转,三天两头有便民服务活动,社区热闹得像个游乐场一样。"宿迁市宿豫区豫新街道江山社区群众蔡敦友说道。

手机"减群"。过去,宿迁市泗阳县张家圩镇组织委员鲁燕手机里的工作群有几十个。"就算开车,我也习惯性地在等红灯的间隙打开微信,看看有没有新任务。"鲁燕说。现在,工作群只剩下3个,鲁燕有更多时间与群众打成一片,每周可以跑好几个村。

考核"减项"。宿迁市泗洪县委组织部副部长王春建介绍,2021年起,对村级党组织的考核不再看重台账,而是在年底开展"村村到"随机调查,进村入户访谈。"跟群众熟不熟,是我们考核基层干部的重要内容。如果群众都不认识书记,就算'不满意'。一个村(社区)整体满意率低于60%,将对书记做降职或免职处理。"

三、做好综合服务的"乘法"

2020年1月,中共中央政治局召开会议,会议审议《关于加强基层治理体系和治理能力现代化建设的意见》。会议强调,要构建网格化管理、精细化服务、信息化支撑、开放共享的基层治理平台,加强基层工作队伍建设,制定实施城乡社区服务体系建设"十四五"规划,更好地解决群众的操心事、烦心事、揪心事,持续减轻基层负担。

要做好"乘法"运算,为基层治理赋智。随着大数据在工作生活的普及与应用,传统的办公方式已逐渐被时代所淘汰。各地基层党组织要与时俱进,利用智能化、现代化的信息技术为基层社会治理赋智,推进基层治理体系和治理能力现代化。数字化、智能化的技术可以用于社区治理、服务居民等方面,通过大数据与网格建设相结合,全面采集统计居民楼栋的楼层、住户、家庭基本情况等基础信息,通过数据比对和综合分析,对人民群众实行网格化管理,精细化服务,真正实现服务零距离,管理无盲区。

要结合乡镇实际,由县级部门牵头,利用大数据、云计算、人工智能等现代信息技术建立县、乡镇、村互联互通的数据共享平台,实现监控、

联动、服务、考核一体化的服务网络，统一划归行政审批，打造"一窗口流转、闭环式审批"服务，优化审批机制，提升办事效率，提高服务质量，让基层治理更高效、便捷、智慧。

四 做好障碍清理的"除法"

做好"除法"运算，为基层社会治理赋值。"除法"就是要革故鼎新，革除弊端、推陈出新，最大限度激发基层治理的生机与活力。针对条块职责不清、权责关系不顺、基层统筹不强等问题，着力明确权责关系、理顺体制机制、强化治理能力，最大限度去除基层治理顽疾。认真落实中央关于推进基层整合审批服务执法力量的实施意见精神，乡镇街道统一增设或增挂了便民服务中心和综合执法办，着力推进"一枚印章管审批（服务）""一支队伍管执法"，统一行使便民服务和综合执法职责，消除职责交叉不清、推诿扯皮。健全条块分工协作制度，分类划定条块职责，理顺条块关系；建立乡镇（街道）职责准入制度，新增事项确需乡镇（街道）承担的，由县级以上党委、政府严格审核把关，并做到权随事转、人随事转、费随事转，确保权责对等。加强网格化管理，健全规范统一的网格化综合管理体制，全面整合各类条线协辅人员和工作力量，由乡镇街道统筹指挥调配；加强网格信息采集端整合，实现基层治理综合信息平台"一个口子进、一个口子出"，增强乡镇街道对基层治理顽症的快速发现和处置能力。

党员干部的最大政绩就是让群众满意。在为人民服务的这则除法运算中，服务好比分子，时间好比分母，广大党员干部要善做"除法"，用高效的服务和群众的口碑为基层社会治理赋值，增大分子，缩小分母，做实做细做优各项工作，提升为民服务品质，缩减办事流程，缩短办事时间，让人民群众在最短的时间内得到最优的服务，才能提升人民群众的满意度，让基层社会治理更有力度。

安徽省淮北市烈山区深化街道管理体制改革，制定街道权力、任务、责任"三个清单"，厘清街道职责，实行社区工作事项准入制度，明确社区不再作为行政执法、拆迁拆违、环境整治、城市管理、招商引资等事项的责任主体，力戒向基层"甩锅"、加压。公安、司法、城管、市场监管、应急管理、生态环境保护六个部门执法力量共同组成街道综合执法中心，推动执法重心下移、力量下沉，有效破解基层执法"有责无权"，真正让小事不出社区，大事不出街道。同时，创新实施"党建+物业"管理模式，组建由物业公司党员、业主委员会成员、居民理事会成员、居民代表、党员代表组成的红茶议事会，建设"红茶议事坊"红色阵地，建立红色邻里议事机制，定期召开"板凳会议"，民主协商小区重大事项，形成小区的事情大家办、大家的事情商量办的居民自治机制。

第二节 完善科学有序的乡镇服务模式

一、优化乡镇组织设置

当前，还一定程度上存在基层条块之间职责不清、管理运行机制不畅、资源配置效率不优等问题。乡镇行政区划调整改革"后半篇"文章重在优化职能配置、提升治理效能，即坚持减量与提质相结合，优化乡镇机构设置和编制配置，建立健全优化协同高效的乡镇工作运行机制。完善财政投入机制和配套支持政策，切实增强乡镇推动产业发展、场镇建设和公共服务等方面的能力，做大做强做优一批经济发达镇、中心镇、特色镇，支撑县域经济发展。优化教育、医疗、养老、文化等公共服务资源布局，健全服务惠民机制，使乡镇成为服务"三农"的基地，让群众享受到实实在在的改革红利。

在上级政府指导下,优化运行机构,实现"小机构"向"大部门"转变,强化组织领导功能,整合上级政府及各级部门赋予乡镇的审批服务事项,成立行政审批办公室,保障乡镇政府机构高效运行。实行党政领导交叉任职,核定党政领导职数,对县直部门派驻乡镇机构人员实行属地管理,构建机构设置综合、管理扁平高效、人员编制精干、运行机制灵活的"大部门"组织架构。

中共安徽省委、安徽省人民政府在2020年颁布的《关于乡镇党政机构改革的实施意见》中,明确提出要进一步理顺关系,明确职责,充分发挥乡镇党委、政府职能作用,设在乡镇的管理机构,都要以如何增强乡镇整体功能为出发点,做到责、权、利相统一。各地要积极探索与本地相适应的经济社会发展的管理模式,促进农村生产力的发展。在乡镇机构设置上要区别对待,分类指导。中心建制镇和城关镇可设置3个综合性机构,即党政办公室、经济发展办公室、社会事务办公室(同时挂计划生育办公室牌子),其他乡镇可设1~2个综合性机构:党政办公室(同时挂计划生育办公室牌子)、经济发展办公室,或者只设必要的助理员。

二 优化乡镇赋权扩能

要坚持问题导向和发展需求导向,围绕乡村治理实际需求,扩大乡镇事权范围,通过确权、委托、派驻三种方式,赋予乡镇更多经济社会管理权限,构建简约高效的基层管理体系和组织体系,既为上级政府减负,又织密基层治理网络,加快推进公共服务标准化建设,确定乡镇公共服务事项范围和村级公共服务事项范围,真正解决"看得见的管不了,管得了的看不见"难题。

陕西省安康市在近年进一步提高基层政府治理能力和治理体系现代化,围绕经济发达镇做好赋权扩能工作。一是权限下放。比如,商事登记、企业投资项目备案等方面的权限下放后,有效推动了乡镇个体工商企业的注册登记,提高了市场规范化管理水平。二是社会管理手段从单一行政干预转变为多种方式相结合。比如,市政、绿化、环卫、文化等方面的权限下放后,为基层政府维护社会秩序、优化生产环境提供了有力抓手。三是公共服务体系不断健全。比如,乡村建设规划许可、专业合作社设立、个体工商户登记等方面权限下放后,起到了提高审批效率、节约办事成本的效果,乡镇政府公共服务能力明显提升。

三 优化服务流程再造

优化服务和流程再造工作,其根本目的是为群众提供便利。这就要求我们坚持强化服务保障功能:一是要借鉴"多证合一"办理模式,整合、简化、优化服务流程。二是要注重多部门、多层级协调联动,以最高标准,体现集成优势。三是要抓好网络基础设施和数据共享等基础性工作,提升"网上办""掌上办""不见面办"的效率和效果;将行政许可和公共服务只要涉及"事、职、人"的全部整合进驻乡镇社会事务管理服务中心,建立县、乡、村三级联动网络审批平台,做到信息共享,让信息多跑路、群众少跑路。四是发挥乡镇、村基层党组织战斗堡垒作用,建立乡镇、村基层党组织联动的工作模式,全面增强基层党组织政治性、创造性、战斗性。五是要做好办理事项、程序、结果的宣传与跟踪回访,做好意见分析转化及意见落实的监督检查工作,力争做到服务全过程让群众满意。

河北省迁安市突出问题导向、聚焦关键环节、加强统筹协调,着力在乡镇和街道改革的落深、落实、落细上下功夫,坚持全市"一盘棋",贯穿党建"总引领",积极构建职能科学、运转有序、保障有力、服务高效、人民满意的基层管理体制机制,全市21个乡镇(街道)全部实现党建引领下的"一窗口""一队伍""一中心",基层保障实现"新跨越""再升级"。

第三节 创新小微权力村级监管模式

一 编制村级权力运行清单

建立党建工作清单,推进基层党组织标准化建设。重点围绕组织、队伍、制度、活动、保障五个方面,将村党支部党建工作清单在村委会、全体村民中进行线上线下公开,推进党支部标准化建设。

建立权力服务清单,推进运行管理规范化。重点围绕重大决策、重大工程、资金管理、涉农补贴等方面,将村委会权力服务清单细化,落实到人,绘制权力运行流程图,优化服务流程,提升服务质量,打造"就近办事圈"。设立村级服务站,确保小微权力全程在"阳光"下运行,实现公共服务全覆盖,村民办事不出村。

建立履职正负清单,推进民主监督制度化。围绕组织管理、民情民意、程序监督等方面,梳理编制村务监督委员会监督清单,按标准选优配强村务监督委员会,实现村务监督全覆盖,村务监督委员会直接接受乡镇纪委的管理。

浙江省温岭市结合实际出台了《关于推进村级小微权力规范运行实施意见(试行)》,明确了温岭村级小微权力清单和负面清单。以加强村级小微权力监督管理为重点,以提高村民自治水平为核心,以优化服务群众机制为落脚点,进一步明确村级组织和村干部职责权限,厘清小微权力清单,建立规范化运作流程,强化全过程监管控制,完善配套制度,构建决策权、执行权、监督权相互制约和相互协调的权力运行体系,做到"厘权清单化、用权程序化、监权制度化、公开透明化",全面提升农村基层治理水平,为谱写"两个高水平"新篇章提供强有力的保障。

二 固化村级权力运行流程

制定履责清单。印发《关于规范村级"小微权力"的实施意见》《村务监督委员会履责手册》,设立大类和流程监督图,重点围绕决策决议执行、村级"三资"管理、"三大攻坚战"等各要点进行监督。在监督过程中,突出"三查三看四关注",查"三资"管理、惠农政策、涉农补贴,看是否符合流程、是否管控廉政风险、是否及时公开,关注职责履行、平台管理、扶贫环保、社情民意。安徽省六安市金安区为进一步加强对村级权力运行的监督,加深广大党员干部群众对小微权力清单的理解和认识,保障群众的知情权、参与权、监督权,制定了"村级重大事项'四议两公开'决策流程图""村级集体固定资产、公益设施变卖、出租、转让管理流程图"等40项村级小微权力清单及其运行流程,严格落实"按清单办事、依规范用权",让村干部依规依法办事,让群众明明白白办事。

严格操作程序。村务监督的一般程序和工作方式为收集民意、提出倡议、监督落实、通报反馈。对村务监督委员会实行日常工作定期报告、重点工作及时报告、问题线索定向报告、意见不一逐级报告、突发事件随时报告的"五报告"机制。实施参与提议、参与决策、监督公开、监督实施、专责审核、专责监督,为村务监督工作的实施提供指引。

加强考核管理。实施"两为主"的管理考核机制,村务监督委员会主任以镇纪委会同组织办考核为主,村会计以镇农经中心会同组织办考核为主,破解同层同级不能监督、不敢监督的难题。镇级主体对村监委会实行组织保障、权力保障、待遇保障和激励保障,健全定期培训、月度例会、专项检查等工作机制。县组织、民政、财政、审计、农业农村等部门负责业务指导。

三 建立村级权力运行监督网络

规范程序"行权",实现小微权力透明化。严格落实"四议两公开"工作法,健全完善村级党务、村务、财务"三务"公开目录,坚持"横向到边、纵向到底,全覆盖、无死角"立体化公示公开,采取会议、公示栏、网络等多种方式,做到线上线下同步公开,村里村外共同监督,进一步规范、细化公开的内容、程序、形式、场所、时限,确保村级规范行权。做到日常事务定期公开、重要事务及时公开,建立完善内容真实、公开及时、简明易懂的权力透明公开机制,实行政策规定、权责清单、运行程序、运行过程、运行结果"五公开",确保群众的知情权、参与权、决策权和监督权落实到位。

健全制度"监权",实现小微权力"网格化"。立足"监督的再监督"要求,着眼强化乡村小微权力监督,严格落实信访前哨、廉政监督员、纪检干部、纪法宣传"四个到村"制度,堵塞监督的盲点和缝隙,健全完善"群众民主监督、村监会照单监督、乡纪委专责监督、廉政监督员跟进监督"的"四位一体"监督网格体系,确保各项监督工作落到实处。发挥乡纪委专责监督职能作用,紧盯村级小微权力运行的关键环节、关键人员和廉政风险点,持续深入开展扶贫领域腐败和作风问题专项治理。

推广村级事务"阳光公开"监管平台。建设县乡村分级管理、一体联通的"互联网+村级小微权力"监督平台,实行"五个公开",构建"一个体系",健全县乡村三级联动机制,构建全程立体、多维实时的村级权力运行监督体系,织密廉政防护网。

河南省鲁山县在磙子营乡全乡47个行政村选聘了由村党支部委员或党员担任的村党支部纪律检查委员,并和村务监督委员会主任、廉情监督员组成了"监督+"工作小组,对照该乡纪委编制的包含村级3类12项42条权力清单,通过"监督+一对一联系村""监督+群众""监督+走访"

"监督+座谈"等多种形式构建立体化监督网络,对村里的工程建设、土地流转、惠农政策落实、"三资"管理、村务公开等情况进行监督,真正把监督触角延伸到基层一线,把"监督哨"设到群众身边,有效激活从严治党"神经末梢",织密了村级监督网络,助推农村政治生态持续好转。

江苏省常州市武进国家高新技术开发区十里社区召开理事会,村民吴某的困难补助申请由于达不到救助标准而未获通过。为了让集体资金支出更好地接受村民监督,十里社区党员、居民组长等自发成立理事会,代表居民对社区大小事务进行协商讨论、意见征求、有效监督。相关支出审核须理事会全体成员一致通过,方可确定新增救助对象,如有一人反对,则延后再审。通过后,人员名单须在小区公示栏公示7天。发放救助款时,理事会全体成员须在付款凭证上签名,再由社区相关工作人员负责形成台账。这是武进区开启村级小微权力运行监管新模式的缩影。

武进国家高新技术开发区纪工委通过走访、座谈等形式开展调研,在广泛征求各方意见的基础上,分类整理出村级小微权力运行清单。清单包括权力事项和服务事项十一大类共33条,其中,权力事项协商制度六类16条,包括重大事项决策管理、公共采购和工程管理等;服务事项五类17条,包括救助救灾救济款申请及发放、农村宅基地申请等。各社区搭建起民事协商平台,将社区大小事务在会上晒一晒,防止社区书记一人"做主",让权力在"阳光"下运行。

参考资料:

[1]《中共安徽省委、安徽省人民政府关于乡镇党政机构改革的实施意见》(皖发〔2000〕15号[Z],2020.

[2]谢云挺.衢州:乡镇机构模块化改革赋权又赋能[J].瞭望新闻周刊.2021-01-19.

[3] 李菲菲.淮北市烈山区做好"加减乘除"四则运算强阵地兴支部.安徽先锋网,2016-12-11.

[4] 刘伟.关于推进经济发达镇赋权工作的实践与思考[J].安康发展,2020(47).

[5] 温岭出台村级小微权力清单和权力运行"负面"清单.温岭廉政,2018-11-06.

[6] 李学义.鲁山县:构建村级"小微权力"立体监督网络[N].潇湘晨报,2020-12-10.

[7] 周振华,江苏武进:多措并举监管村级小微权力运行[Z].中央纪委国家监委网,2021-03-23.

第五章　打造多方协作的大格局

第一节　建立协商沟通机制

国家治理现代化,是当代中国面临的迫切的时代任务,是不容延迟的历史使命。实现国家治理现代化需要具备一系列条件,其中治理主体的发育与构建是不可或缺的基础和前提。党的十九大报告明确提出,"要打造共建共治共享的社会治理格局",这就要求我们从创新的视角来探索乡村治理的新路径,努力实现政府引导治理、社会广泛参与、村民积极自治相结合的良性互动。现代治理理论与实践表明,多元主体的有效协作,是推进国家治理现代化的有效路径。只有这样才能更好地贯彻现代治理方法,让更多的人共享治理成果,才能更好地推动乡村治理水平的提升。

一　党组织带领下形成的多元主体治理模式

党的治理核心地位。乡村治理中的多主体并不意味着无中心,尊重乡村各治理主体的权利也并不意味着可以抛弃党的领导。基层党组织在保持农村基层秩序、维护社会稳定、增强社会与国家的合作中发挥着不可替代的作用。乡村治理结构的变动实际上就是一个会影响社会稳定的过程,因为在治理主体多元化的过程中会存在许多差异,这种多元

化必然会滋生无序。所以在有着不同利益群体的新型村级治理结构中，如果没有党的集中统一领导，势必会产生对立与冲突，直接影响到党在农村的执政地位，甚至阻碍乡村治理现代化的进程。正是从这个意义上讲，党组织是多元主体治理的核心。

党建引领。党的十九大报告提出"产业兴旺、生态宜居、乡风文明、治理有效、生活富裕"的乡村振兴总要求，同时又提出了"建立健全党委领导、政府负责、社会协同、公众参与的现代乡村治理体系"。中共中央、国务院关于全面推进乡村振兴加快农业农村现代化的意见也提出："加强党的农村基层组织建设和乡村治理，充分发挥农村基层党组织领导作用，持续抓党建促乡村振兴。"由此可见，在乡村治理中党的引领作用是至关重要的。在这一方面，广东桂圩村就因地制宜探索出了一系列模式，以党建引领基层治理和乡村振兴，推动了该村治理的高质量发展。桂圩村位于广东省云浮市郁南县，是郁南县桂圩镇辖下的一个行政村，2019年，被评为全国乡村治理示范村。但是在2016年时，该村还是广东省省定贫困村。为推进乡村振兴战略，2018年4月12日，桂圩村委在县、镇党委政府的支持下，成立了全市首个"乡村振兴促进会"，成员11人，村党总支书记兼任会长。该组织为公益性、服务性、互助性的农村基层社会团体。桂圩村以党建和组织振兴为引领，多方联动，努力探索本土潜在的发展资源和要素，并且积极引入企业，打通市场渠道，形成了"党建引领，多元联动"的治理格局，打造了乡村有效治理的新样板。

桂圩村党建引领有两个重要模式：一是"1+3"模式，即乡村振兴促进会在村党总支引领下，形成了"党组织+社会组织、自治组织、经济组织的'1+3'模式"。该模式以党组织为中心，联结群众、企业和乡贤等多元主体，使党组织在动员、组织、协调和领导方面发挥核心作用。"1+3"模式的关键就在于它能使党组织的工作更加深化，在此过程中提高了基层党组织的组织动员力、政策执行力和领导力。二是"一组两化"模式，即"党小组+网格化+信息化"。该模式旨在使党员在乡村产业发展、公共管理、联络群众和矛盾协调等方面发挥先锋模范作用。不同的小组由不同年龄或职业的党员组成,这样就充分发挥了党员群体的先进性。"网格化"主要在于密切加深党员与群众的联系,每一网格由网格长和若干网格员组成,明确各自的工作范围和对象,及时协调矛盾和解决冲突,提高办事效率。"信息化"是指建立党小组支部微信群,通过网络将在内在外的本村党员同志联系起来。这样不仅能够定期掌握党员情况,加强党员之间的沟通和学习,还可以及时对不在村内的党员进行教育管理。"一组两化"模式既发挥了党员先进性作用,也增强了党组织凝聚力,为稳定推进乡村治理提供了组织保障。

多元联动。党建引领有效增强了党内凝聚力和组织力,为乡村治理提供了组织保障。在此前提下,桂圩镇桂圩村积极推动民间社会组织成立并发挥作用,夯实自治基础,增强自治能力,使发育起来的新兴力量共同参与治理,形成了多元联动机制,即组织振兴和村企结对。乡村的衰败很大程度上缘于人才的流失,没有人才的支持与推动,乡村发展必然受到阻碍。所以在组织振兴方面,桂圩村在原有乡民理事会的基础上,积极推进人才振兴,把本地退休老党员、乡村教师、创业能人、知识精英、村民小组长及村委领导等吸纳进"乡村振兴促进会",组成了乡村治理、共谋发展的重要力量。乡村振兴促进会充分尊重乡土力量,不仅为乡村治理提供了便利有效的技术和信息资源,还推动了乡村组织的团结,实现了村庄的内部整合。至于村企结对,自2017年以来,桂圩镇积极联络企业,结合本地特色,因地制宜,推动了一系列乡村旅游开发项目和养殖开发项目入驻。"通过党员代表带头人,积极充分发动群众,结合土地经营权确权颁证,将村里零散分布的闲置土地、房屋,通过土地流转,整合起来承包给合作社建设田园综合体。"桂圩镇把企业和农民有效联结、合作起来,形成了"党组织+公司+合作社+基地+贫困户"的发展模式。这种

"村企结对共建"模式在理念上深刻认识到村(民)和企(业)完全可以协调并进,通过要素互补和利益共享机制达成合作关系,共谋经济发展。党组织以行政信用联结村(民)和企(业),为农民减少了与企业直接谈判的风险和成本。在完成了土地流转、股份分配和就业安置以后,合作社作为规范的营运主体就负责组织生产和产品营销。基地是生产场所,其就业岗位将最大限度面向村(民),为许多村民解决了就业问题,如此便形成了村企合作共建共享的利益联结机制,有效促进了乡村多元治理的发展。

(二) 村委会为主导形成的多主体协同治理模式

在乡村治理中,我们不仅要坚持党的领导,还要大力推动村委会的引导作用。中共中央办公厅、国务院办公厅《关于加强和改进乡村治理的指导意见》指出,"要增强村民自治组织能力。健全党组织领导的村民自治机制,完善村民(代表)会议制度,推进民主选举、民主协商、民主决策、民主管理、民主监督实践。进一步加强自治组织规范化建设,拓展村民参与村级公共事务平台,发展壮大治保会等群防群治力量,充分发挥村民委员会、群防群治力量在公共事务和公益事业办理、民间纠纷调解、治安维护协助、社情民意通达等方面的作用"。村民委员会是村民自我管理、自我教育、自我服务的基层群众性自治组织,作为乡村治理的重要组成部分,其在农村的政治文明、社会进步、经济发展等方面起着不可替代的作用。人民政府对村民委员会的工作给予指导、支持和帮助,但是不得干预依法属于村民自治范围内的事项,村民委员会协助乡(镇)的人民政府开展工作。随着基层民主的不断发展,村民自治组织功能日益增强,村民委员会的自我管理、自我教育、自我服务的水平不断增强,村民自治范围不断扩大,从原来的民主选举向民主决策、民主管理和民主监督扩展,农村社会协同治理也有了良好的制度基础和发展。

多主体协同治理不仅包括治理主体的多元,也强调治理主体间的协同合作,协同治理的概念更倾向于后者。所以这里多主体协同治理即多元的主体如何在开放的社会系统中通过相互的竞争合作形成良好的互动,最终实现整体功能大于部分功能之和。结合我国乡村治理的现实需要,农村社会多主体协同治理模式的构建应该从以下几方面入手:

一是构建公共信任平台。为了保持民主政体的有效运行,信任与合作是必不可少的。随着乡村传统社会结构趋于瓦解,联结社会信任的纽带逐渐消失,乡村协同治理的多主体间易发生矛盾,缺乏凝聚力,这种现象的产生是不利于乡村社会多主体协同治理模式发展的。多元主体有效参与协同治理的关键前提就是彼此之间信任平台的构建,这样的信任平台能够促成高效治理,使多主体在协商过程中以平等的地位协同开展工作,依照社会规范行事,同时自觉接受社会监督。这将更加有利于多主体平等协商局面的出现。

二是明确治理责权。平等协作是多元主体参与治理必须把握的一点,但它是建立在各主体能够明确自身责权与职能界限的基础上的。各主体应确定自身工作的重心,各司其职,并清楚地认识和尊重主体间的差异,积极通过政府的引导来协商解决实际问题。这能使多元治理主体有意识地发挥自身职能作用,减少不必要的矛盾与冲突。这样,在多元主体明确了自身职能和工作范围后,便可以更加平衡、有效地协同完成治理工作。

三是建立利益协调机制。从利益角度出发,多主体就意味着利益的多元化,各治理主体在协同治理过程中难免会出现各种各样的利益冲突,从而影响协同治理的整体效果。这就需要我们建立一个多元主体的利益协调机制,来促进主体间的相互沟通并及时化解矛盾,保护和协调各治理主体的利益,使得协同治理能够有效推进。利益协调机制应该在保护共同的集体利益的基础上,协调各主体之间的利益,并通过谈判、协商等手段实现各主体间利益矛盾的化解。除此之外,还要加重对侵害其他主体利益的行为的处罚力度,有效保护各治理主体的合法利益。

四是建立互相监督机制。有权力的地方就需要透明和公开,就需要有监督机制的存在。中共中央办公厅、国务院办公厅《关于加强和改进乡村治理的指导意见》指出,"加大基层小微权力腐败惩治力度。规范乡村小微权力运行,明确每项权力行使的法规依据、运行范围、执行主体、程序步骤。建立健全小微权力监督制度,形成群众监督、村务监督委员会监督、上级部门监督和会计核算监督、审计监督等全程实时、多方联网的监督体系"。所以在多主体协同治理模式中,不仅要有来自协同治理主体之间的内部监督,使得多主体之间相互监督、相互制衡,还需要有来自群众和社会的外部监督,让多主体协同治理的过程和内容最大限度地向公众公开,提高社会治理的透明度,让权力运行在"阳光"之下,使各主体能够合理、合法地参与到乡村社会的协同治理当中。

五是增强村民参政意识。村民作为推动乡村治理的重要力量,他们的参与和监督是健康治理的重要保证。当前,乡村中依然存在村民与治理主体脱轨的现象。不少村民仍然有着传统的等级思想,根本不了解自己所享有的民主权利和义务,这导致他们无法有效参与乡村工作。所以我们要努力提高村民的参政议政意识,让他们能够对国家政策有所理解,以此拓宽他们的政治视野。如果监督长期缺位,基层民主制度的效率便将会大打折扣,协同治理的最终意义也就不复存在。

第二节 构筑多元共治的治理新格局

构筑即为形成规模和体系,使之具有固定性和稳定性,完善基层协商制度,解决基层领导协商力度不足的问题,用法律和体系来监督和约束干部,解决可能存在的权威治理以及忽视群众切身利益的问题。多元即社会各方协同治理,上下衔接,互相促进,提高村民主体地位,让群众参与决策,改变以往管理人员随意决策、脱离实际决策、普通村民无法参与决策的窘境,使决策反映民意,集中民智,造福于民。治理新格局即与时俱进,因地制宜,以可持续发展模式,注重系统性、整体性、协调性,使乡村发展与社会主义现代化相适应,与新时代的农民诉求相适应。以"结对帮扶共建""重大事务共商""提高村民主体地位"等形式,全力构建多元共治新格局,确保乡村基层治理体系不断完善,治理能力不断提高。

一、结对帮扶共建

进入乡村振兴时期,如何重塑乡村治理格局,提高乡土中国的内生活力和治理能力,依然任重道远。脱贫攻坚是一场举全国之力的战役。作为这场战役的主力集团军,以驻村第一书记、结对帮扶干部、下派轮战干部等多种形态存在的"编外村干部"扮演了重要角色。截至2020年3月,全国向农村社区共派驻了25.5万个驻村工作队、290多万名县级以上党政机关和国有企事业单位干部。脱贫攻坚促成了改革开放以来最大规模的干部下乡,在激活村庄社会"造血"功能的同时,也给原有的村民自治秩序带来了改变。

乡村振兴更加需要专业性的人才,更加需要充实村一级的党的领导。在这种情况下,脱贫攻坚与乡村振兴有机衔接,其中一个环节是组织形式的衔接,而第一书记制度是组织衔接中最重要的部分。2019年中央一号文件明确指出,要将第一书记制度向乡村振兴任务重的村拓展,促使第一书记与脱贫攻坚、乡村振兴实现衔接。这意味着,将"建立第一书记派驻长效工作机制"。2021年6月,安徽省委办公厅发布《关于做好第八批选派干部到村任职工作的通知》,安排第八批选派干部工作,继续对全省脱贫村、易地扶贫搬迁安置村每村选派1名第一书记和2名工作

队员组成驻村工作队,第一书记兼任驻村工作队队长;对乡村振兴任务重的示范村、重点推进村,以及全国红色美丽村庄建设试点村,选派第一书记或工作队。第八批选派干部主要从省市县机关优秀干部、年轻干部,国有企业、事业单位优秀人员和以往因年龄原因从领导岗位上调整下来、尚未退休的干部中选派,有农村工作经验或涉农方面专业技术特长的优先。第一书记和工作队在乡镇党委的领导下,紧紧依靠村党组织,带领村"两委"成员开展工作,以深化拓展农村基层党建"一抓双促"工程为抓手,认真履行"建强村党组织、推进强村富民、提升治理水平、为民办事服务"主要职责任务,突出抓好宣传党的路线方针政策、推动加强村"两委"班子建设、巩固拓展脱贫攻坚成果、组织实施产业发展项目、促进乡村有效治理、推进民生工程建设等重点工作,全面推进乡村振兴任务落实。2021年5月,中共安徽省委办公厅、安徽省人民政府办公厅印发《关于深化县域结对帮扶巩固拓展脱贫攻坚成果推进乡村振兴的实施意见》《关于坚持做好省直单位定点帮扶工作的实施意见》的通知,要求坚持以县为主、多方参与,落实结对帮扶双方党委和政府主体责任。坚持双向协作、互惠互利、多方共赢,有力有序推进构建全方位、多层次、宽领域的结对体系,组织双方党政机关、国有企事业单位以及乡镇和村开展结对共建。结对双方所在市要强化落实指导督促责任。支持结对双方落实新时代党的组织路线和人才发展战略,按规定组织开展高质量、多层次、多类别的干部双向挂职、人才双向交流。鼓励被帮扶县组织优秀年轻干部到帮扶县企业学习锻炼。

(二) 重大事务共商

着力健全完善以党的基层组织为领导、村民自治和村务监督组织为基础、集体经济组织和农民合作组织为纽带、各种社会组织为补充的农村组织体系。创新自治形式,丰富自治内容,引导村民主动说事、议事、主事,增强村民主人翁意识,真正实现"民事民议、民事民办、民事民管"。推行以民主选举、民主决策、民主管理、民主监督、民主协商和党务、村务、财务公开为主要内容的"五民主三公开"制度建设。重大事务即是与人民切身利益息息相关的事情,有关于人民生活水平的提高及长久的发展,因此决策是否科学合理至关重要。我国是人们民主专政的社会主义国家,人民是国家的主人。党和政府始终把实现好、维护好、发展好人民的根本利益放在一切工作的出发点和落脚点。共商即是集思广益,兼顾各方利益和了解民意。共商使决策具有透明性、民主性以及科学性,有利于促进公民对决策的理解,推动决策的实施,同时提高了公民对公共事务的热情和信心,增强公民的社会责任感。公民可以通过社情民意反映制度、重大事项社会公众制度、社会听证制度等参与决策,共商重大事务。

生活在人民当家做主的国家,人民享有广泛、真实的民主。我们要参与,我们会参与。中华民族的伟大复兴需要一代又一代人的艰苦奋斗和接续传承。我们享受着伟人为我们创造的安稳环境,自当扛起实现国家繁荣富强的旗帜。大到国家层面,要坚持党的领导,党要依法执政,总领全局,协调各方;政府要依法行政,为人民服务,对人民负责。小到个人层面,人民要行使权利,履行义务。乡村振兴是实现共同富裕和实现中华民族伟大复兴的重中之重。要想实现乡村治理,村民的意见和建议少不了。农村民主协商治理机制创新要与完善农村民主制度相互连接,要与农村面临的复杂问题相互关联,要与提高农民政治能力相互促进,要与完善农村民主协商程序相互呼应,要发挥地方领导人的主动性和创造性。为村民服务首先要了解乡亲父老真正缺乏什么,走到家家户户调查研究,精准帮扶提升,一家一户有不同的困难处境,也相应地有不同的解决策略。基层干部首先要主动邀请、鼓励村民们发表意见,参与协商,做出利民的决策,而不能依靠以往的经验主义,主观臆造村民的需求,或

者效仿其他地区的问题模式和解决方法。信息是决策的基础,民意是正确决策的重要基础,决策要实事求是,因地制宜。基层干部应该拓宽民意反映渠道,采取线上和线下结合、实名与匿名结合等,完善相应的村规,最大限度地保障村民参与协商的权利。基层群众要增强权利和法律意识,积极行使自身的各项权利和履行义务,如知情权、参与权、表达权和监督权。积极参加选举,选举自己心目中的当家人;积极参与决策,集中民智,让决策反映民意;参与民主管理,共创幸福生活;民主监督,守望公共家园。学法,知法,懂法,用法。自己的权利自己维护,自己的家园自己守护,自己的美好幸福也均得由自己脚踏实地地拼搏出来。

总观近些年来全国乡村治理创新性典型案例,其示范引领作用主要体现在强化党的领导、创新议事形式、引导多元主体参与等乡村治理的重要领域和关键环节。江苏省南通市海门区、浙江省建德市、安徽省宁国市等案例通过"四权四治三把关""走村不漏户,户户见干部"畅通民情,代理民事,创新"民情茶室"等村民协商议事形式,让农民群众成为乡村治理的主力军和受益者。2016年,安徽省无为市围绕重大事项决策、村级工程管理、集体"三资"管理、涉农资金管理使用等群众密切关注的热点,编制了《村级"小微权力"清单》,这份清单让村里事有了"明白账"。如今,该市基本实现村级小微权力清单全覆盖,并在此基础上建立网络监督平台,方便群众参与和监督。安徽省淮南市规范村党组织书记管理,着力构建党、政、村、社会力量共同推进,不断提升村民的参与感、幸福感,努力建设共建共享的幸福家园。

(三) 提高村民主体地位

历史唯物主义认为,人民群众是历史的创造者,是精神财富和物质财富的创造者,要坚持群众观点和群众路线,发挥人民群众的主体作用。广大农民群众是乡村振兴的主力军,要广泛依靠农民、教育引导农民、组织带动农民投身乡村振兴，建设美好家园。为此，应大力提升农民群众参与乡村振兴的综合能力和素质，培养造就新型职业农民队伍，增强乡村自我发展能力——村民是乡村振兴的建设者、享受者、评价者，也是乡村振兴的主体，依法享有建设的权利。我国是人民民主专政的社会主义国家，人民本就是国家的主人，享有广泛而真实的权利。在乡村治理方面，村民自治作为乡村治理的基础，直接影响着乡村治理的绩效。所以应发挥广大人民群众的智慧，建造共建共治共享的美好家园。

随着经济社会的发展，人民对美好生活的向往以及对更多资源的渴望愈发突出。但是，广大的青年群体离开农村涌进大城市，一方面造成了大城市的人口资源压力，另一方面造成了农村空心化现象，乡村经济文化发展失去活力，乡村振兴也面临着巨大的挑战。农村劳动力和人才流失，大量土地荒废，久而久之将会影响我国的粮食安全。农业是国家发展的重中之重，人们不可能在温饱问题没解决的时候去讨论经济和文化的发展。我国是农业大国，农村以及农民的数量庞大。我国幅员辽阔，自然地理、风土人情也千差万别，乡村振兴的政策只是大纲，具体实施要具体问题具体分析，只有本地的村民才了解各村的具体情况，因此一定要提升村民的主体地位，发挥村民治理的主体作用。吃水不忘挖井人，村民也必然不会忘记自己的根。

美好生活都是奋斗出来的，村级组织要实行积极的政策鼓励外出务工人员返乡共同促进乡村经济发展，发展特色经济，实现村级经济结构的战略性调整，为村民提供多种就业渠道，并且引进科学技术，提高农作物的生产产量，一方面可以为村民提供更多的经济来源，另一方面可以减轻做农活的身体劳累，使村民们在相对舒适的环境下获得丰收果实。政府要加大对农作物产品的补贴，以防自然灾害的影响让村民颗粒无收，为村民提供保障，并且拓宽农产品的销售渠道。让村民安心种地，安心售卖农作物，安心守住自己的土地。

提高村民的主体地位,首先要提高村民的认同感和归属感,维护村民的合法权益,保护村民的身心健康,解决村民的手头难题,当村民感受到幸福,其才会积极参与乡村振兴。其次要倾听村民的心声,自觉主动地接受村民的监督,为村民提供踊跃发言的机会。村民是农村的主体,基层干部要带头示范,做好排头兵。基层干部的权力来自人民群众,就要对人民负责,受人民监督。清清白白地做事,诚诚恳恳地接受意见,并把村民的冷暖放在心中。积极鼓励村民为村庄的发展献策,看到自己的建议使得村庄越来越好,村民也就越来越有干劲。最后,村民要培育自己的主人翁意识,自觉行使自己的权利,监督干部们的工作,积极为乡村发展献言献策,大胆地向村级干部提出自己的疑惑,以便切实解决自己的问题。在乡村治理的空间内,自治、德治、法治共同形成了特定的治理结构,三者彼此影响并发挥作用。村民们有权利,也有能力去建造美好的家园。

第三节 加快培养乡村治理人才

乡村振兴,人才先行。习近平总书记强调:"激励各类人才在农村广阔天地大施所能、大展才华、大显身手,打造一支强大的乡村振兴人才队伍。"乡村治理人才是基层的"细胞",是基层建设的一线力量,是推进乡村振兴和加快农业农村现代化的"引擎",人才队伍建设关系到乡村振兴战略的实施效果。在巩固拓展脱贫攻坚成果的基础上,做好乡村振兴这篇大文章,培育乡村治理人才是一个重要环节。

一、实施"一村一名大学生"培育计划

2004年,为深入贯彻落实党的十六大精神和落实《国务院关于进一

步加强农村教育工作的决定》,加快农村教育事业发展,教育部决定启动"一村一名大学生计划",通过现代远程开放教育方式,将高等教育延伸到农村,尽快为农村一线培养一批"留得住、用得上"的技术和管理人才,使他们成为发展农村经济和农业生产的带头人、农村科技致富带头人和发展农村先进文化的带头人,从而推动农民增收和农村社会、经济的发展。

"一村一名大学生计划"就是利用现代远程教育技术,集成全国农业高校和相关高校优质教育资源及实用技术课件,通过广播、电视和互联网等现代远程教育技术手段,将高等教育输送到县、乡(镇)学习点,在农村以中央广播电视大学的高职教育为主,每年每村招收一名大学生,培养高等职业技术教育层次的农村实用科技人才和管理人才。

为全面助力乡村振兴,培养一批真正懂农业、爱农村和爱农民的"三农"工作队伍,能够扎根乡村的本土人才,安徽省打造升级版的"一村一名大学生计划",鼓励各地遴选一批高等职业学校,推进乡村振兴育人工作。根据乡村振兴需求开设涉农专业,重点招收村"两委"班子成员、退役军人、下岗工人和高素质农民等,采取走读制管理模式,实行工学交替、分类管理、线上线下相结合的混合式教学模式,就地就近接受职业高等教育,培养一批在乡大学生和乡村治理人才。

2005年1月,安徽省人大代表和政协委员分别在省"两会"上提出关于在全省实施"兴村大学生人才培养工程"的议案,得到省委、省政府的高度重视。在实践探索的基础上,2007年6月,安徽省委组织部下发《关于全省农村党员干部"素质提升"工程的实施意见》,同年,在泾县函授站率先启动"一村一名大学生人才培养工程",逐步在全省推广。安徽农业大学经过十余年探索,构建了"立足基层定向招生、服务'三农'特色培养、跟踪服务终身教育"的人才培养新模式,编写了系列教材、讲义、教学大纲和人才培养方案,构建了完善的教学内容体系、教育教学方法,形成了面向基层定向招收成人专科和本科大学生的全方位多层次人才培养体系。截至目前,已累计为全省培养了2.5万余名乡土大学生。该工程先后获得国家级教学成果二等奖,被评为安徽省"终身学习品牌项目"和"长三角地区社区教育、老年教育特色地方品牌项目"。

二 加强农村社会工作人才队伍建设

农村社会工作人才是乡村治理人才的重要组成部分,为了进一步做好农村社会工作人才队伍建设,要把以下三个方面作为重要抓手:一要健全体制机制。省、市、县党委和政府要建立健全农村社会工作及其人才队伍建设领导体制,争取将社会工作及其人才队伍建设纳入地方经济和社会发展的总体规划、财政预算和有关部门领导班子考核指标体系。二要搭建服务平台。各地要按照当地政府机构改革的总体安排,努力在承担社会管理和公共服务职能部门探索设立社会工作机构,设置社会工作岗位。全面支持加快推动乡镇社会工作服务站建设,加大政府购买服务力度,吸引社会工作人才提供专业服务,大力培育社会工作服务类社会组织。三要开展教育培训。加大本土社会工作专业人才培养力度,鼓励村干部、年轻党员等参加社会工作职业资格评价和各类教育培训。

2021年2月,中共中央办公厅、国务院办公厅印发了《关于加快推进乡村人才振兴的意见》。黑龙江省委、省政府高度重视乡村人才振兴,令农业农村厅会同有关部门加紧研究制定《加快推进乡村人才振兴的实施意见》。实施意见指出,围绕农村社会工作人才队伍建设,重点抓好三方面工作:一是建好队伍,就是要围绕全省乡镇(街道)社工站"全覆盖"的工作目标,加大政府购买服务力度,吸引社会工作人才提供更好的优质专业服务,积极孵化社会服务组织,加快培养一支数量充足、素质优良、结构合理的社会工作专业人才队伍。二是抓好培训,就是要加大社会工作专业人才培养力度,鼓励村干部、年轻党员等参加社会工作职业资格评定和各类教育培训,不断提高从业人员的专业化水平。三是落实好政策,就是要通过项目奖补、税收减免等方式引导高校毕业生、退役军人、返乡入乡人员参与社会工作服务,建立完善社会工作人员的职业晋升机制、薪酬激励制度、畅通流动选拔渠道等,不断壮大社会工作人才队伍,满足基层农民群众的社会服务需求。

三 加强农村经营管理人才队伍建设

农村经营管理工作事关党的农村基本政策贯彻执行,事关深化农村改革各项措施落地见效,事关农民群众权益维护保障。要深入学习贯彻习近平总书记关于"三农"工作的重要指示批示,围绕全面完成"三农"领域重点工作,强化统筹协调,充实加强农村经营管理人才队伍建设,为实施乡村振兴战略和乡村治理提供坚强保障。

当前和今后一个时期,农村经营管理工作任务更重、责任更大、领域更宽、要求更高。做好党和国家"三农"工作,必须加强农村经营管理人才队伍建设。一是要完成农村改革硬任务,急需建设"一懂两爱"的高素质农村经营管理干部人才队伍。二是要保持农村经营管理干部人才队伍稳定,把政治素质高、业务能力强、工作经验丰富的干部人才优先安排到农村经营管理工作岗位。三是加强农村经营管理干部人才培训,提升履职能力和水平。四是注重在完成农村重大改革硬任务中发现和使用干部人才,畅通职务职级晋升、职称评定、人才流动通道。深化农业技术人员职称制度改革,落实农村合作组织管理专业设置,推进农业技术职称评审与人才培养、使用有机结合,用活农村经营管理人才。五是实施岗位激励,对业绩突出、考核优秀的给予表彰奖励。六是注重村级财务人员培养,优先从高中以上青年农民及返乡人员选拔一批,经培训合格上岗并保持相对稳定。

（四）加强农村法律人才队伍建设

法治是治理有效的保障,实现法治关键在法律人才。2021年出台的《乡村振兴促进法》规定,要建立健全自治、法治、德治相结合的乡村社会治理体系,推动专业人才服务乡村,促进农业农村人才队伍建设,其中,明确提到法律服务人才。

近年来,乡村法律需求与日俱增,特别是党的十九大提出乡村振兴战略以来,涉及土地纠纷和产业发展等方面的法律需求尤为突出,急需法律人才提供专业知识支撑。一是要加强农业综合行政执法人才队伍建设,加大执法人员培训力度,完善工资待遇和职业保障政策,培养通专结合、一专多能的执法人才。二是广聚法律人才要兼顾招才引智和本土培养两种途径,实现"输血""造血"双重保障。一方面,拓展人才引进渠道。通过招录、聘用、政府购买服务、定向培养、招募志愿者等多种方式,充实乡镇司法所公共法律服务人才队伍,落实"一村一法律顾问"制度。另一方面,以村干部、村妇联执委、人民调解员、网格员、村民小组长、退役军人等为抓手,重点围绕涉农法律领域,加强乡村法律服务人才培训,着力培养满足乡村需求的本土法律人才。三是培育农村学法用法示范户,选聘农村"五老"人员作为人民调解员,构建农业综合行政执法人员与农村学法用法示范户的密切联结机制。

江苏省常熟"四着力"加强农村法治人才建设。常熟市司法行政部门大力推进法治乡村建设,多点着力强化农村法治人才建设,切实提升基层干部队伍法治素养,提高履职能力,助力乡村振兴。一是着力发挥"关键少数"示范引领作用。积极发挥党政主要负责人履行推进法治建设第一责任人职责作用。各乡镇高度重视法治工作,将法治政府建设列入政府工作重要内容,定期召开法治专题会议,探讨年度法治镇创建活动工作目标任务,有序推进各项工作。司法所所长列席镇长办公会,就重大决策、重要事项充分发表观点,为决策过程把好"法律关"。二是着力夯实司法所法治人才基础建设。主要通过充实基层力量、加强规范建设、落实下沉措施和积极争取属地支持,推动司法所法治人才队伍建设。三是着力提升基层综合行政执法队伍能力建设。注重发挥常熟作为全省首家探索推行综合行政执法改革的先发优势,依托常熟理工学院等高校教育资源,司法局先后组织开展法学基础理论、行政执法实务、综合执法能力提升等专题培训;整合市级执法部门专业资源,针对各行政执法领域开展业务培训,并形成常态化业务指导,实现"放权不放手"的工作模式。四是着力加强专业人才队伍建设。下发《关于在全市农村培育"法律明白人"的实施意见》,全力培育农村基层"法律明白人"。一方面,全面依托网格优势,选优"法律明白人"。依托常熟市社会治理网格化体系,积极发动网格内的村组干部、农村党员、致富能手、退伍军人、人民调解员、法律服务工作者、"五老"人员等报名参与"法律明白人"选拔。另一方面,全面发挥法治宣传效用,培优"法律明白人"。全面抓好"法律明白人"能力培训,利用集中学习、专题培训提升其法治思维和法治意识;组织其旁听庭审,参与调解,提升实战能力,真正做到快速进入"法律明白人"的角色。加强村(社区)人民调解委员会规范化建设。注重调解员选任工作,从"五老"中选拔热心调解、有威望的担任调解员,为经验丰富的调解员设立个人调解工作室,积极培育古里镇陈心调解工作室、海虞镇朱惠英调解工作室等典型,形成好口碑,助力矛盾就地化解,真正实现小事不出村。

参考资料:

[1] 打造美丽乡村振兴发展新样板——郁南县桂圩镇龙岗村奋力建设美丽乡村见闻[N].云浮日报,2018-06-26.

[2] 桂圩镇党委:"三变"桂圩村"三色"旅游地,打造美丽乡村振兴发展新样

板[Z].2018-03-15.

[3] 石芳,余雪连.巴中:突出群众主体 创新乡村治理[N].四川法治报,2020-09-03.

[4] 常熟市法宣办.常熟"四着力"加强农村法治人才建设.法润江苏网,2021-03-10.

第六章 解决乡村治理重要问题

第一节 实施乡风文明培育行动

一 推动移风易俗

实现乡村的有效治理,既要重视看得见的因素,也要重视看不见的因素。在大力推动乡风文明建设进程中,移风易俗无疑是一个尤为关键的抓手。2019年中央一号文件要求"持续推进农村移风易俗工作,引导和鼓励农村基层群众性自治组织采取约束性强的措施,对婚丧陋习、天价彩礼、孝道式微、老无所养等不良社会风气进行治理"。《关于加强和改进乡村治理的指导意见》也明确提出,全面推行移风易俗,整治农村婚丧大操大办、高额彩礼、铺张浪费等不良习俗。

近年来,安徽省广德县坚持把移风易俗作为农村精神文明建设的切入点,坚定"移"心,善用"巧"力,通过不断完善村规民约,开展群众性文化活动,创新"两禁两简""文化礼堂""文化长廊"等形式,持续推进农村文明乡风建设,打造了移风易俗的"广德样本"。

乡移风易俗工作推进大会召开后,唐流村"两委"工作人员走村入户,利用发放移风易俗工作宣传单的机会,听取大家的想法。没想到村民对移风易俗工作十分支持,在走访过程中,很多人都反映了"礼金高、

办酒贵"的问题。随后,刘长英与村"两委"工作人员一同前往临近的浙江乡镇"取经学习",在"创新思路"归来后,刘长英说干就干,经村民代表大会同意后决定在村里建"文化礼堂"。统一的礼堂、统一的地点、统一的席位,极大满足了"爱面子"的村里人既有"面子"也有"里子"的需求。"预订的村民只要象征性地缴纳一千元场地费,便可免费使用舞台、空调、音响设备等。"刘长英表示,移风易俗给当地带来的改变是显而易见的,自从文化礼堂落成后,村容村貌有了极大改观,一股清新之风迎面而来。

二 倡树村规民约

乡村社会的有序治理,除了治理主体的重塑、治理资源的引入外,还需要有制度规范。作为一种文明教化和乡土社会中的契约关系,村规民约古已有之。北宋吕氏兄弟制定的《吕氏乡约》,以德业相劝、患难相恤的道德性条款成为村规民约的较早版本。长久以来,在实现乡邻和睦、乡村安定、社会和谐等方面,村规民约从未缺席。如今,随着岁月流逝,很多村规民约非但没有被遗忘,反而沉淀为厚重的文化传统,被世代尊崇。

在构建乡村治理体系上,安徽省铜陵市在自治领域做探索:一方面,用好村规民约,革除陋习,化解矛盾;另一方面,实施"传家训、育家风、立家教,践行社会主义核心价值观"即"传育立行"教育工程,厚植美德,弘扬正气。在铜陵市长江江心洲上,有村名为"群心"。"'群心'好,群心村才好。"驻足村头石牌坊下,铜陵市义安区胥坝乡群心村党委书记古中举说道,"村规民约、家风家训,进了群众的心,让乡村变了样。"如今,在铜陵用村规民约规范婚丧事宜,颇为普遍。如天门镇金塔村提出,"要移风易俗,丧事简办";浮山镇女儿桥村规定,"反对红白喜事铺张浪费"。同时,群心村还搜集整理了全村51个姓氏的家规家训。"做成门牌,打造'家风家训示范街'；还做了展板，挂在乡贤文化馆。"古中举介绍，"在村里，随便走走都能受到熏陶。"

三 开展道德评议

安徽省明光市是全国第二批新时代文明实践中心建设试点县市之一。试点工作以来，明光市以根植农村的陈规陋俗为突破口，以道德评议会为载体，探索出一条乡村有效治理新路。

突出"实"字建好评议会。从实推选。以村民组为单位，按照"办事公道、威信较高、敢说敢评、会说会评"的原则，重点吸纳在群众中有声望、有影响的老党员、老干部、老教师、致富能手及村民代表等进入道德评议会，经村民一致表决、村党总支审核、乡镇街道备案等程序，推选产生135个自然村庄村民道德评议会。定实规约。对现有村（组）规民约进行"升级"，变"自上而下"制定遵守为"自下而上"修订完善，形成《移风易俗六要办》《幸福户郢，我们约定》等乡规民约135部，既是村民行事的道德标尺，也是评议会评议标准，进一步巩固村民、道德评议会、村党组织之间的"契约关系"。扎实问计。在"评议日"前，道德评议会成员通过乡村大喇叭、文明实践站点公开栏、意见簿等渠道或以入户走访、座谈交流等形式，广泛听声音、主动问于民，把发生在群众身边的先进典型和感人事迹以及反面案例和突出问题收集上来。

突出"活"字办好评议会。因人而异。充分发挥道德评议会地缘、亲缘优势，针对部分村民"有话说不出口""有话不好当面讲"的问题，设"心愿墙""征集簿"50余处，开通热线电话、微博专题和微信专栏等，变"见面式"评议为线上交流、网上互动，让各类群体畅陈个人观点，表达自身需求。因事施策。道德评议会坚持正反对比，通过评议是与非、对与过，对先进典型主要评议其感人事迹，引导广大村民见贤思齐、崇德向善；对反面例子在帮教转化的基础上，制定"一人一案、一事一策"，提供精准帮助

指导,激发道德意愿,厚植道德情感。因地制宜。道德评议会评议场所不限,原则上设于新时代文明实践点,部分村民组充分结合现有资源,依托刘梅工作室、严成华工作室、"老墙根"议事会等开展道德评议工作,让道德评议工作不受地理因素限制。

最后,突出"好"字用好评议会。道德评议会由8~10人组成,设1名会长,1~2名副会长,聘1名村干部为评议指导员,指导员、会长、副会长及评议会成员活跃在基层一线,积极履行为人民服务的职责使命。当好家长里短评议员。评议会把赡养问题、无理上访、家庭矛盾、邻里纠纷等拿到台面上,通过摆事实、讲道理,以事为据、以理服人,帮助党和政府解决"管不了、管不好、管不到、管不住"的村级事务,力促"小事不出村,矛盾不上交",促进基层和谐稳定。当好美德操守推荐官。评议会成员来源于群众、根植于群众,是发现典型的"前哨"、是宣传典型的"放大器"。当好社情民意服务员。道德评议会充分发挥职能作用,围绕农村精神文明建设需求,带领群众共同开展移风易俗宣传、先进典型选树、爱国卫生运动等一千余场,在潜移默化中形成淳朴乡风、良好民风。

▶ 第二节　加强平安乡村建设

一、创新现代农村警务机制

农村是国家基层治理的基本单元,农村警务治理的科学化发展与基础建设,对于有效化解矛盾纠纷、维护基层和谐稳定、构建和谐文明新风、确保社会大局稳定具有重要意义。小事不出村、大事不出镇、矛盾不上交是"枫桥经验"的传承与发扬。但随着社会经济的发展,矛盾纠纷越来越呈现出多样化、复杂化、专业化的态势,公安机关在基层治理中,时常面临案多人少的局面,要扭转这种局面,必须创新基层治理,以新时代"枫桥经验"为引领,打造共建共治共享的新格局。

赛口派出所综治警务中心在望江县公安局主导和村镇的支持下,结合辖区实际,创建新型警务模式,将原有的警务分散模式整合为"一室两队三中心"模式,即综合指挥室、执法办案队、社区警务队,并按照辖区三大警区,将综治中心与警务室相结合,成立赛口综治警务中心、王岭综治警务中心及金堤综治警务中心,实现向整合资源要警力;提升社区警务水平,实行警民联动,警力前移,各综治警务中心办公室主任由派出所民警担任,民警全天候负责处理日常工作事务,并建立村治保主任轮流值班制度,确保本中心范围内的日常综治工作落地见效,推进派出所民警扛主责、抓主业、当主角,厚植社区农村警务根基;强化社区民警真正沉下去、动起来,尤其针对农村小路警车无法到达的难题,专门为社区民警、辅警配备一批警用摩托车以便于走访入户,打造新型"摩托警务",提升工作效率,实现社区民警扎根农村、深入群众的理念。特别是在新冠病毒疫情防控、抗洪抢险等工作中,全警参与,战斗在抗疫、抗洪第一线,突出了党支部的战斗堡垒作用和党员民警、辅警的先锋模范作用,为辖区抗疫、抗洪取得阶段性胜利贡献了自己的力量。在新型警务模式下,该所各类案件稳中有降,刑事案件发案率下降86%,群众安全感、满意度逐步提升。

2017年,安徽省亳州市公安局创新推出"一村一辅警"工作模式,择优录用一批退役军人或大专以上学历人员担任驻村辅警。"我从小就有个警察梦,感觉穿上制服特别帅,后来由于各种原因,一直没能圆这个梦。当时我刚听说招辅警,就第一个报了名,没想到还真考上了。"赤塘村女辅警王芳现在说起这事还一脸的自豪。亳州市公安局明确"一村一辅警"当好"七大员"(村级治安防范的组织员,也是道路交通的协管员、矛盾纠纷的调解员、情报信息的收集员、法律政策的宣讲员、警务下沉的

联络员、便民利民的服务员)、承担"七大职责"(掌握社情民意、采集基础信息、化解矛盾纠纷、管理实有人口、组织巡逻防范、发现案情线索、服务人民群众),有力地推进"一村一辅警"队伍制度化、规范化、法治化的建设,构建了横向到边、纵向到底的县、乡、村三级综合联动工作网,打通警民服务的"最后一公里"。

二 健全农村公共安全体系

中国改革开放40多年来,农村面貌发生了根本性的变化,特别是脱贫攻坚这一项史无前例的伟大工程的实施和完成,使城乡差距快速缩小,村与村之间的差距进一步缩小。农村公共安全服务是一项系统性强的工作,涉及内容主要包括信息安全、电信与金融安全、食品药品安全、交通安全、用水用电用气安全、水源地安全、人身和财产安全、种植养殖安全等,涉及政府多个职能部门,关系到农村千家万户。提高农村公共安全服务水平是新时代发展的要求,是人民的需要,是为人民服务的现实工作体现。

首先,要为乡村治理"聚力",坚持系统治理、综合治理、依法治理、源头治理,整合政法、人社、民政等各部门资源力量,有效实现矛盾纠纷联调、社会治安联防、重点工作联动、治安突出问题联治、服务管理联抓、基层平安联创,真正提高乡村社会控制力。其次,要大力推进农村社会治安防控体系建设,推动公共安全视频监控建设联网应用,推动信息化防控体系建设向农村拓展、向基层下移、向源头前移,实现农村地区全域覆盖、全网共享、及时可用、全程可控。最后,要加大监管执法力度,及时排查化解安全隐患,完善立体化社会治安防控体系,实施食品安全战略,对安全问题明确责任、堵塞漏洞、严格管控、有效化解。

第三节 健全矛盾纠纷调处化解机制

一、完善村级调解机制

随着新农村建设的推进,我国乡村社会经济取得了长足的发展,农村民间纠纷呈主体多元化、内容复杂化、形式多样化的发展趋势。"亲友帮、群众劝、干部调"的村级调解机制在化解矛盾纠纷、维护乡村社会稳定中始终发挥着第一道防线的作用。

一是要全面排查清底数。任何矛盾纠纷若能在萌芽和初始阶段介入处置,则化解成本最低、难度最小、成功率最高。坚持定期进行社会矛盾纠纷排查,村(社区)每周组织调解小组长、人民调解员通过走访、座谈等方式,逐一梳理,逐一备案登记,掌握重点区域、重点行业、重点人群矛盾纠纷。特别是在重大节假日、重大活动及重要会议期间,实行矛盾纠纷地毯式排查,不留死角,确保底数清楚。二是要防微杜渐保稳定。对排查出的不稳定因素,尤其是可能引发越级上访、非正常上访和群体性事件的矛盾纠纷,村(社区)要按照纠纷性质、类型诱因、涉案人员、积压时间、难易程度和事态预测,分门别类进行登记,建立工作台账,逐级上报,并落实具体承办人员和责任领导,明确调处时限,及时上报处理结果。确保一般性民间纠纷能化解在萌芽状态,疑难性纠纷能得到及时调处,实现"小事不出村,大事不出镇"的社会治理目标。三是要建章立制树标准。指导村级调解委员会建立例会、统计、报表、登记、回访、请示、报告、档案等制度,规范调解协议文书的制作和应用,将调解协议规范文本印制发放至各村级调解委员会(简称"调委会");规范调解工作程序,做到动态纠纷信息及时反馈,全方位推进村级调解组织专业化、规范化

建设。

在长期的实践过程中,"枫桥经验"成为处理民间纠纷的优秀经验代表,被各地广泛借鉴并创新。对一般矛盾纠纷由村调委会直接调处,对重大疑难矛盾纠纷采用村调委会集体调解方式,依靠道德约束力、舆论影响力和情感感染力,实现定分止争。同时,基层司法所在其中也发挥了重要作用。近年来,黄山市宏潭司法所从加强硬件建设、加强水平建设、加强日常管理、加强工作指导等方面四措并举,推进村调解工作规范化,成效良好。

二 完善分级处置机制

稳定是经济社会发展的前提,乡村振兴离不开和谐稳定的环境。多种调处化解机制的有机衔接、相互支撑、联动配合,能够形成最大调处化解合力。根据矛盾纠纷的性质、涉及人数、财产数额等情况,细化类型、分级归类、分层处置。对轻微矛盾纠纷,由调解员或村级调委会直接调处。对重大矛盾纠纷,县、乡有关部门提前入村指导或直接处置。对确实不适宜调解的矛盾纠纷,应做好导入诉讼和协助起诉工作。

具体来说,要大力构建党委领导、分级负责、司法推动、多元共治、社会参与、法治保障的纠纷化解新格局。发挥党委政治优势、制度优势,最大限度整合各类调解资源、集聚各方工作合力,打造村级网格平台、县乡实战平台和市级指挥平台,实现信访诉求逐级分层处理、矛盾纠纷集约分类调处,形成信访诉求"大化解"、矛盾纠纷"大调解"、调处体系"大融合"的工作格局。"分级负责",即明晰村级化早化小、乡级联动处置、县级闭环处理、市级督办指导的职责定位,构建村级"首诊"、乡级"会诊"、县级"终诊"、市级"督诊"的矛盾纠纷调处闭环。"司法推动",即整合司法行政多种力量,充分发挥各自职能作用,强化联动联处。"多元共治",即加强诉讼与非诉讼,以及七种非诉讼纠纷解决方式之间的衔接互动,营造多元化解纠纷的思想共识和文化氛围。"社会参与",即坚持社会化发展路径,完善群众参与基层社会治理的制度化渠道,充分调动更广泛的社会组织和专业力量参与调解。"法治保障",即坚持依法调解、规范处置,在法治框架内化解矛盾、解决纠纷,强化诉讼与非诉讼的效力互认,在各级法院指导下,运用司法确认等方式促进非诉讼纠纷解决的效能提升。

淮北市百善镇是安徽省第二批省级乡村治理示范创建镇,在学习借鉴"枫桥经验"的基础上,创新社会治安综合治理,探索建立"四个三"工作机制,突出防范化解信访矛盾,着力抓好矛盾排查调处工作体系建设,充分发挥人民调解、司法调解、行政调解的综合作用,切实化解矛盾纠纷,村级调解组织和治保组织全部建立并发挥较好作用,实现"小事不出村,大事不出镇,矛盾不上交"。

三、完善司法保障机制

司法保障是乡村振兴战略实施的稳定基础。要坚持把围绕农村工作重点开展司法保障作为服务乡村振兴发展的着力点,努力让人民群众在每一起案件中感受到公平正义,充分发挥司法保障在法治乡村建设中的助力作用。公安、司法机关应树立大调解理念,对重大矛盾纠纷要及时介入、有效参与、充分说理。对影响乡村稳定的案件,加快审理程序,及时做出答复,必要时到现场释法说理。

什么是"背包法庭"?安徽省舒城县人民法院王成涛院长说:"'背包法庭'最早出现在2015年,为了贴近群众,舒城县每个山区法院审判员经常跋山涉水,将法庭搬到第一线。运用背包法庭不仅仅方便当事人办理案件、方便审判人员去案发地了解情况,更重要的是,审判时会有很多人围观,通过审理过程可以达到宣传法律的作用,一次背包法庭行动的效果要好于十次单纯的普法活动。因为人民群众对自己身边的案件更感兴趣,背包法庭恰好可以让他们参与进来。"

近年来,舒城县河棚人民法庭先后被授予"全省调解工作先进集体""全市优秀法庭""红旗庭"等荣誉称号。"山区就是我们的辖区,我们将法庭背出去是想贴近群众,提高工作效率。"河棚法庭庭长何流这样说。每次巡回审判时,装载着巡回审判设备的车一路颠簸开到村口,法官、书记员带上"背包法庭",有提、有拉、有挎,沿着山路走到当事人住处附近后,就近寻找合适的开庭场地,再将各种设备摆放好,一个简单而又不失庄严的临时法庭就出现了。

▶ 第四节　深化农村社区建设

一 因地制宜开展顶层设计

中共中央办公厅、国务院办公厅在《关于深入推进农村社区建设试点工作的指导意见》中明确指出,要把握农村经济社会发展规律,做好农村社区建设的顶层设计和整体谋划,提高试点工作的科学性、前瞻性和可行性、有效性。2020年末,安徽省常住人口为6 102.7万人,其中居住在城镇的人口为3 559.5万人,占58.33%;居住在乡村的人口为2 543.2万人,占41.67%。2020年底,安徽省31个贫困县全部摘帽,3 000个贫困村全部出列,脱贫攻坚战深刻改变了安徽省贫困地区的落后面貌,有力推动了农村的整体发展,极大地补齐了基础设施建设和基本公共服务的突出短板,为促进安徽农村社会治理机制的创新,促进政府行政管理、公共服务与农村居民自我管理、自我服务更好的衔接互动,增强农村社区自治和服务功能,为打造管理有序、服务完善、文明祥和的农村社区打下了良好的基础。

在多年的农村社区建设实践中,安徽省取得了一定的成绩,涌现出了很多的全国示范典型。黄山市屯溪区、当涂县、铜陵市、淮北市杜集区、池州市贵池区先后被民政部命名为"全国农村社区建设实验全覆盖"示范单位。

地处大别山腹地的安徽省金寨县,位于鄂、豫、皖三省接合部,被誉为"红军的摇篮、将军的故乡",是中国革命的重要策源地,是安徽省面积最大、山区人口最多的县,属于国家级首批重点贫困县。2016年,金寨县全面实施宅基地改革试点和易地扶贫搬迁,截止到2020年底,金寨县落实搬迁安置点300多个,复垦土地4.7万亩,宅改腾退3.3万户约10万人,其中搬迁贫困人口7362户26014人。2019年,金寨县借助入选全国乡村治理体系建设试点单位的契机,将工作重点从"搬得出"转向"稳得住""能致富",统筹考虑各地农村社区的经济发展条件、人口状况及变动趋势、自然地理状况、历史文化传统等因素,合理确定试点目标和工作重点,因地制宜开展试点探索,从管理、服务等方面积极谋划易地扶贫安置点的后续扶持工作。

二 持续改善农村人居环境

改善农村人居环境,建设美丽宜居乡村,是实施乡村振兴战略的一项重要任务,事关全面建成小康社会,事关广大农民根本福祉,事关农村社会文明和谐。要深入贯彻习近平总书记关于乡村振兴和改善农村人居环境的重要指示精神,坚持以人民为中心的发展思想,牢固树立和践行"绿水青山就是金山银山"的理念,以实施乡村振兴战略为总抓手,以农村垃圾污水治理、厕所改造和村容村貌提升为主攻方向,持续改善农村人居环境,为乡村有效治理打好基础。

首先,要进一步推进农村生活污水治理。根据实际,因地制宜全面考虑各村地形地貌、村民居住分散程度、集体经济状况和处理后的污水净化情况等,选择效果稳定、维护管理简便、费用低廉、工艺流程简单的

多元化农村污水处理模式。其次,要进一步提升农村生活垃圾处理水平。大力推广符合农村特点和农民习惯、简便易行的分类处理模式,加快农村生活垃圾分类设施建设,促进农村生活垃圾就地分类和资源化利用。优化收运处置体系,合理配置密闭的村庄垃圾收集设施、乡镇转运设施,形成较为完善的收转运体系并稳定运行,推进农村生活垃圾"全部收集、及时转运、无害化处理"。最后,要进一步统筹推进农村"厕所革命"。要加强农村厕所建改质量监管,把好设备质量入口关,依法依规开展招投标,加强技术培训,做好台账资料管理和已建改厕所竣工验收工作,认真进行农村公厕建设管理合理性研究,强力推进乡镇公厕建设改造,积极探索厕所治理的有效路径。

三 提升公共服务供给水平

2017年底召开的中央农村工作会议明确指出,要逐步建立健全全民覆盖、普惠共享、城乡一体的基本公共服务体系。建立健全城乡基本公共服务均等化的体制机制,推动公共服务向农村延伸、社会事业向农村覆盖,是贯彻落实党的十九届五中全会精神和中央一号文件精神的重要工作内容。农村社区公共服务能力与广大村民的生活息息相关,也是乡村振兴成果的具体体现之一。

要树立农村公共服务优先导向,注重科学设计和机制创新,激发内生力量,整合相关要素,通过培育社会组织扩大农村公共服务供给主体,不断在完善细节中推动高质量服务供给。如在教育方面,着力提高农村教育质量,多渠道增加农村普惠性学前教育资源供给,继续改善乡镇寄宿制学校的办学条件,保留并办好必要的乡村小规模学校,加快发展面向乡村的网络教育。在农民就业创业方面,健全统筹城乡的就业政策和服务体系,推动公共就业服务机构向乡村延伸,深入实施新生代农民工职业技能提升计划。在文体方面,推进城乡公共文化服务体系一体化建设,创新实施文化惠民工程,让农民既要"富口袋"又要"富脑袋",扶持乡村农味农趣运动项目,大力发展群众性体育活动。在健康方面,推进健康乡村建设,加强城乡医院对口帮扶,建立远程医疗、创新协同、巡回医疗等稳定机制,带动乡村提升应对突发公共卫生事件的能力。加强慢性病、地方病综合防控,推进农村地区精神卫生、职业病和重大传染病的防治。

参考资料:

[1] 常河.安徽广德:推进移风易俗 迎来乡风新貌[N].光明日报,2019-08-11(3).

[2] 刘念,韩俊杰.安徽铜陵:用好村规民约 送走陋习歪风[N].人民日报,2019-04-08(12).

[3] 李荣荣.明光市:道德评议会助力乡风文明.安徽文明网,2021-06-16.

[4] 黄斌.基层现代警务怎么干?安徽望江县打造"小事不出村,大事不出镇"模式样本.法制日报[N],2021-01-26.

[5] 刘亚运,卞洪锋.亳州:一村一辅警,打通警民服务"最后一公里".中安在线,2020-04-03.

[6] 舒城县人民法院.安徽六安:市县乡村四级联动 创建多方解纷矩阵.2020-11-09.

第七章 乡村治理实践案例

第一节 六安市金安区孙岗镇：紧扣"选育管用"抓头雁

在乡村治理的主战场上，发挥基层党组织的战斗堡垒作用，最重要的一环，便是抓好基层党组织书记；在落实为民服务"最后一公里"上，最重要的力量也是村党组织书记。自2018年换届以来，金安区孙岗镇紧扣"选育管用"抓实头雁工程，推进村干部队伍整体优化提升，为基层各项工作提供坚强的组织保障。

一、紧扣"选"，选优配强聚集贤才

选好"领头雁"，把选优配强村党组织书记作为重中之重。孙岗镇严格实行"政治体检"，树立重实干、重实绩、重担当的用人导向，坚持"乡管为主、凡调必审、一人一档、县级备案、宏观管理"，从严把好村干部入口关，坚决防止"带病参选""带病当选"。在严格把握标准、条件和程序的前提下，拓宽选贤任能的视野和渠道，不拘一格选人才，把重点放在本地致富带头人、专业合作组织负责人、回乡大中专毕业生、复员退伍军人等能人、新人上。孙岗镇东堰村2018年前党组织软弱涣散、集体经济发展滞后、基础设施欠账较多，1987年出生的雷正生退役后在镇城管执法队

工作,工作认真、思路开阔。2018年换届时,他高票当选村党支部书记。上任以来,雷正生同志始终秉承部队的优良作风,爱岗敬业,抓班子强队伍、抓学习强素质、抓项目筹资金、抓民心树新风、抓经济促发展,在镇党委的支持下改变了东堰村贫穷落后的状况,基础设施得到极大改善,党员群众的凝聚力、向心力提高。到2021年底,不仅可以还完之前的欠账,村集体还能有近30万元的收入。其本人也被评为"金安区基层工作优秀村干部"和"六安市优秀党务工作者"。

二、紧扣"育",校地合作强健筋骨

按"缺什么补什么"的原则,该镇坚持建立常态化的培训机制,为基层"头雁"强筋骨、长才干。除每年积极组织参加市、区举办的培训班以外,还积极与安徽财贸职业学院签订校地共建协议,从2018年换届后,坚持每年到安徽财贸职业学院开展脱产集中培训,提高镇村干部队伍素质,具有很强的示范带动作用。在孙岗镇与学院签订校地合作协议一周年之际,学院在孙岗镇设立社会扩招定向班教学基地和学历提升班,给村干部在"家门口"提供了一个提升自己学历和能力的平台,解决了新时期村干部在农村工作中普遍存在的"本领恐慌"和"能力不足"问题。学历提升班为期三年,参训的45名学员全部是本镇的村干部和后备干部,学院采取集中送教和分散自学相结合的形式开展学习,三年学习结束考核合格后可以拿到全日制大专的毕业证书。同时,该镇还积极储备村级后备干部,2020年面向社会公开招聘村级后备干部25人,并全部安排到村跟班学习,为2021年村"两委"换届储备了优秀人才。

三、紧扣"管",严格廉洁履职尽责

该镇除了坚持"任职备案"外,还坚持"履职备案",建立村党组织书记履职台账,主要包括:村党组织书记年度工作目标完成情况、述职评议

情况、年度考核及奖惩情况、报酬待遇情况、有无违法违纪行为等情况。加强清单管理,围绕基层党建、乡村振兴、社会保障、财务管理等方面,制定农村党组织书记小微权力清单,确保合法用权、公正用权。严格任期审计,对农村党组织书记开展任期经济责任审计,镇召开专题会议听取审计反馈意见,研究提出整改措施,确保干事不出事。在涉及村集体和群众切身利益的重大事项中,该镇要求严格落实"四议两公开"工作机制,坚决杜绝"一言堂"。同时,进一步完善村级权力监督约束机制,加大对村级组织的巡视巡察力度,加强同级监督和上级监督,充分发挥村务监督委员会监督村民自治组织和集体经济组织的作用,确保村级事务在监督下处理、村干部权力在"阳光"下运行。

(四) 紧扣"用",强化激励保障措施

该镇提高经费预算,严格落实村级党组织的"两项经费",完善村(街)"两委"干部月绩效工资考核办法。率先在全区出台《孙岗镇鼓励发展村级集体经济实施方案和奖励办法》,创新探索实行集体经济增量奖励,鼓励村干部特别是村党组织书记在集体经济发展中贡献力量,2020年兑现激励奖励98 612元。同时,该镇注意选树优秀典型,在全镇范围内挖掘了朱列华、蒋书好、雷正生(朱列华被评为"皖美村支书",蒋书好荣获"安徽省防汛救灾先进个人"称号,雷正生是市级优秀党务工作者)等工作实绩突出、群众反映良好的村优秀村党组织书记,为全镇村党组织书记树立标杆、做出榜样。注重发挥优秀典型的传帮带作用,通过组织观摩、经验交流等加强对新任村党组织书记的带教培养。

第二节　黄山市兖溪村：四招齐下赋能乡村治理

日前,在黄山市屯溪区阳湖镇兖溪村"解忧聊吧",该村"两委"负责人与两位村民面对面交流,就他们反映的所在村民组一些路段没有路灯等问题进行协商。"解忧聊吧"创设于2019年9月,是该村探索建立的乡村治理工作模式之一。村民反映问题,家里有什么事情或者"张家长、李家短",都可以来到这里,通过交谈和沟通等方式,说出心里的委屈、不平和怨气。村里派人全程倾听记录,能立即办的尽快办,不能立即办的交由村"两委"集中研究处理,绝不让村民反映的事项在这里延误。来访者中不乏下岗工人、处于青春叛逆期的孩子、长期独自生活的孤寡老人。

兖溪,位于安徽省黄山市屯溪区阳湖镇东南部,距中心城区仅2公里。共辖7个自然村,8个村民小组,总计513户1 656人。由于靠近城区,该村大部分田地早年被征用,阳湖镇帅鑫工业园落户该村,该村的产业特色处于半农半工半商的状态,乡村治理现状错综复杂。近年来,兖溪村抓强做实,形成"一二三四"红色乡村治理工作模式,着力破解"谁来治、治什么、怎么治"乡村治理难题,全面提升乡村治理效能。

一　建强一个"轴心",激发乡村治理红色动能

以村党支部为轴心、党员为齿轮,强化党组织在基层治理中的核心主导作用。通过"四员一长争五星""五亮"行动,给全村71名党员划分党员责任区,在党员分组联户的基础上,进一步形成"党建+单元"的组织架构,发动党员、网格员及村民组长围绕村级服务建设、村庄清洁行动等中心工作主动服务群众。两年来,以村庄道路、山塘水沟以及河道河流等

区域为重点,组织开展村庄环境综合整治、基础设施改造和村民文明素质提升等行动50余次,带动420余名群众踊跃参与,掀起了一阵阵村庄清洁行动热潮。

二 强化"两网"融合,激活乡村治理红色细胞

融合党组织网络与综合网格,按照每个网格200～250人的标准,将7个自然村调整设置为7个综合治理网格,每个网格设置网格长1名、网格员1名。同时,成立山下、花园和上河三个网格党支部,每个支部设书记1名,实现党支部对综合治理网格全覆盖。定期召开网格长工作例会,按照服务件数、网络事项办结率、群众知晓率、办结质量和效果等进行月度测评。自2019年以来,村综合治理中心上报公共安全、矛盾纠纷类事件132条,办结132条,办结率100%。

三 完善"三项支撑",铸牢乡村治理红色之魂

一是村民自治支撑。制定《村规民约积分制管理考核办法》,采取现场查看、会议讨论等方式开展年度评比。同时制定《村规民约积分兑换细则》,村民可根据对应积分兑换相应物品,年终对积分前十名的村民进行表彰奖励,形成比学赶超的浓厚氛围。"应征入伍,加6分;积极参与'双园创争'工作,加6分;乱搭乱建,扣6分……"便是其中的内容。二是法治建设支撑。结合昱城公益周普法日活动,积极开展送法进家庭,进田间地头,为村民发放《宪法》《民法典》等法律宣传材料。三是智慧治理支撑。累计投入近20万元,实现综治信息系统、综治视联网、"雪亮工程"三大平台合一,推进基层社会治理进入"智能时代"。

四 实施"四大工程",构建乡村治理红色体系

一是"文明村风"塑造工程。依托新时代文明实践阵地,成立志愿服

务队,精心组织评选活动,选出"最美庭院""沇溪好人"。二是村企共建共治工程。结合帅鑫园区在村域的实际,成立村企党建联盟。园区为沇溪村解决就业等问题,沇溪村为园区企业提供治安巡逻、招工宣传等各类服务日。三是矛盾纠纷联调工程。与辖区派出所、司法所等部门联合投入资金近10万元,打造解忧聊吧和警务工作室,截至目前化解矛盾纠纷200多起,确保小事不出网格、大事不出村,把基层矛盾隐患消灭在萌芽状态。四是村级经济发展工程。将闲置楼宇打包对外招租,成功引进多家企业。同时,采取土地流转的方式整合土地资源,继续发展壮大大棚蔬菜种植等产业,为村集体经济的后续发展插上了腾飞的红色之翼。

2021年4月,沇溪被安徽省司法厅和安徽省民政厅认定为第八批"安徽省民主法治示范村(社区)"。2021年9月,入选农业农村部农村合作经济指导司公示的"第二批全国乡村治理示范乡镇"拟认定名单。

第三节 滁州市天长市:"积分+清单"关紧权力笼子

2019年6月初,农业农村部召开新闻发布会,发布了首批20个全国乡村治理典型案例,为各地推进乡村治理体系建设提供借鉴,安徽省滁州市天长市"积分+清单"防治"小微腐败"入选其中。

2015年,天长市在全省率先推广村级权力清单运行图机制。该市173个村(社区)全面施行村级小微权力清单制度,厘清村干部权力边界,明确村干部在村级管理事务和便民服务事项中的权限,推进基层权力公开透明运行,为实施乡村振兴战略提供坚强的组织保障。从2017年开始,又推行了"清单+积分"管理模式,修订完善了26项村级小微权力清单,分别制定了村党组织书记、村委会主任以及村里的其他副职干部三类责任清单和10项负面清单。

一　小微权力清单管"权"

"在平时的工作过程中发现,村里对'三资'(资金、资产、资源)的管理,时不时会出现一些异常情况,特别是对资产、资源的发包,可能会出现一些不公平、不公正现象。"在天长市最初试行农村小微权力清单制度的新街镇党委书记王友仁介绍该镇实施农村小微权力清单制度的初衷,"村干部在处理集体资产的时候也出现了一些违纪违规的行为。我们就考虑如何从源头上来加强对'三资'的管理。"

天长市围绕村"两委"干部履行小微权力,分别制定责任清单。经广泛征求村组干部、群众意见,新街镇将村级权力细分为"三资"管理、工程项目、物资采购、公共服务、组织人事、"三务"(党务、村务、财务)公开六大类26项,对每项小微权力的运行都开列了清单,给出了说明书。让村干部知晓自己究竟有哪些权力、怎么运行这些权力。同时,制定村干部权力行使10项负面清单,强化廉洁意识。

占地260亩的官田水库是新街镇兴隆社区的一座小型水库,通过对外发包,如今成了当地的珍珠养殖基地。过去这座水库的发包由社区干部说了算,但从2016年开始,村民们借助村级小微权力清单公开对外招标,集体收益比过去实现了大幅增长。农村小微权力清单制度的实施,不仅让村里的各项工作有据可依、有章可循,使村干部的权力运行得到了有效约束,同时也极大地激发了群众参与村级事务管理的热情,集体的事情由大家说了算,使干群关系得到进一步改善。

二　积分制管理管"干"

2016年,天长市针对村干部小微权力考评过程中搞平均主义、年底一次性定论的现象,在新街镇开展村干部积分制管理试点,有效解决了"干与不干一个样"的问题。2017年出台的《推行村干部积分制管理工作意见》规定,积分制管理对象为各村"两委"班子成员。由各镇制定村正职、副职干部两个考核办法,对正职干部(书记、主任)、副职干部(含计生专干、预任制村干部)分别予以考评。同时,建立村干部积分制管理登记台账,做到一村一册、一人一档,日常各项考评结果及时登记在册,年底及时汇总排名公布,严格兑现奖惩。通过试行积分制管理,新街镇村干部收入差距达6 000元,充分调动了大家工作的积极性。

积分制管理对重点工作任务落实、村级事务管理、基层党组织建设、村干部日常管理等工作进行百分制量化考核,辅之以民主测评得分和奖惩加减赋分。其中,重点工作任务落实占40%,由承担考核任务的镇属各职能部门实时进行考核;村级事务管理占15%,每半年集中考核一次;基层党组织建设占20%,每季度考评一次;村干部日常管理占10%,每月检查一次;民主测评得分占15%,年底组织集中测评。各项考评结果折算成相应分值,纳入村干部个人积分。年底,各镇对考核结果予以汇总得出年度积分,在公开栏进行公示,接受党员群众监督。

天长市把积分与村干部绩效工资、奖金福利、评先评优结合,促使村干部清廉履职。与绩效工资挂钩,根据村正职、副职年度积分,确定优秀(90分以上)、称职(80~89分)、基本称职(60~79分)、不称职(60分以下)4个等次,分别按照年初核定绩效工资的120%、100%、80%、60%比例发放。与奖金福利挂钩,对纳入积分制管理的重点工作考核后,单列一定奖金,按积分比例发放给被奖励村和村干部。各镇研究制定村干部福利待遇发放标准,年终按照村干部积分予以一次性发放。与评先评优挂钩,年度积分在90分以上的村干部方可参加评先评优。年度被确定为基本称职及以下的村干部,由镇党委约谈提醒,督促整改。对连续两年基本称职及以下等次的,采取劝退、责令辞职、降格使用、依法罢免等方式予以组织处理。

为了使小微权力规范行使,该镇还制定了一系列配套制度。出台

《村(社区)干部廉洁履职八条纪律》,开展镇村干部不用公款招待、不送礼、不接受人情推销等"十不"承诺活动。制定村级资产资源和建设工程建设管理办法,成立镇招标中心,统一负责村级资产资源登记、购置、租赁、发包、拍卖和项目工程集中招标。实行权力清单内容、规章制度、运行程序、运行过程、运行结果"五公开",村级所有收支、债权债务、合同履约等逐项逐笔明细公开,对反映权力运行过程的原始单据也一并公开。

三 三级监督编织"笼子"

小微权力有了清单,监督必不可少。新街镇各村通过设置村务公开栏、召开会议、发放宣传资料等方式,及时主动公布小微权力清单的权力范围、运行流程及村务工作,积极引导村民对重大事项权力运行进行全程实时监控。同时,明确村监事会是监督小微权力的主体,发挥监督作用。该镇还将小微权力清单制度执行情况纳入年度目标考核,对干部未按照小微权力清单制度处理村级事务,给集体、个人造成损失的依法处理。据统计,2016年,天长市查处村(社区)干部违纪违法案件66件,2017年查处35件,2018年查处28件,2019年至今查处5件。

村监事会对村级事务办理实行全程监督,做到事前参与决策,对不合制度规定或不合民意的村务决策及时提出异议;事中跟踪纠偏,防止公共基础设施建设"跑冒滴漏"和偷工减料行为;事后审查把关,对村低保户、危房改造对象以及办公经费使用等情况进行审查。2016年以来,全市151个村监事会先后对村集体资产处置、公共基础设施维修、水面发包等367个事项进行监督,及时提醒村"两委"修正、取消决策92项,减少不合理支出21.6万元,挽回集体经济损失275万元。

与此同时,各镇村通过设置公开栏、召开会议、发放宣传资料等方式,及时主动公布小微权力清单和责任清单的范围、流程及积分制管理工作,引导村民参与监督,对重大事项权力运行进行全程监控。每年初,村"两委"班子成员分别在党员大会、村民代表大会上就个人责任清单事项进行公开承诺,年底述职述廉,接受群众监督。此外,每年初,天长市委、各镇党委根据运行情况适时调整权力清单内容,及时对修订后的内容开展村干部辅导培训,让村干部明职尽责。已举办各类培训班36次,累计4 560多人次接受培训。2015年,天长市被确定为全国29个农村集体资产股份权能改革试点县之一,该市将股改工作及时纳入村级小微权力之中,督促村"两委"干部严格按流程办事和行使权力,率先完成试点任务。

第四节 宁国市:"三治"融合推进乡村有效治理

宁国市隶属于安徽省宣城市,为安徽省县级市,位于安徽省东南部,处于长三角地区。市域面积2 487平方公里,辖13个乡镇6个街道,总人口38万。近年来,宁国市通过基层探索实践,结合先进地区的治理经验,借助基层协商治理、小微权力整治以及文明乡风塑造等来服务群众,人民群众的获得感、幸福感、安全感得到极大提升,宁国市对城乡基层治理构建出了相对完善的治理体系。宁国市在基层治理中的积极探索和大胆创新使得宁国市连续三次获得全国平安县(市)光荣称号,2017年宁国市荣获全国社会治安综合治理最高奖长安杯。2019年底,宁国市被确定为全国115个国家乡村治理体系建设首批试点单位之一。

一 自治:推进基层协商治理

山门村是宁国市新农村建设试点村之一。56岁的山门村村支书兼村委会主任程守法,是一名老党员,2002年,回到家乡的他从进入村委会工作开始,就将自己与山门村的兴衰荣辱紧密地联系在一起,竭尽心力

地为群众办好每一件事。"作为村支书,就是要为村民服务,通过发展让他们过上幸福生活。"程守法说道。多年的辛劳使他患上了癌症,但他依然边工作边积极治疗。在山门村集体经济发展壮大后,他意识到:光靠村干部几个人的力量无法满足所有村民的需求,必须发动村民力量参与治理;光是满足群众的民生需求还不够,还要满足他们对民主的需求,老百姓的事情要同老百姓商量着办。

程守法书记以港口镇党建引领农村"三会"制度为载体,推进基层协商治理。村里的大小事务都通过共商来决定,当遇到一些难以解决的问题时,便可以群策群力,党员干部和群众一起想办法、谋出路。

首先,建立了民主协商会机制。在每年年底,召开村民协调委员会会议,梳理群众反映强烈的民生问题,由村(社区)集中梳理一批民生问题进行协商解决。程守法书记在山门村探索建立了村级协商委员会,建成民主协商议事厅,按照"7+X"模式,即村党组织委员会代表、村民委员会代表、村务监督委员会代表、党员代表、村民代表、社会组织代表、乡贤代表七类固定成员和涉及的其他利益相关方,对涉及公共利益的重大事项、涉及基层群众切身利益的热点问题进行协商。

2018年,山门村七组村民反映,山门村七组整组临近宁国水泥厂矿山开采区,水泥厂常年开采,放炮震动较大,大部分房屋受到不同程度的影响,有的出现屋顶瓦片脱落及墙体开裂等现象,部分房屋已属于危房,整组村民反应强烈。为从根源上化解问题,程守法书记带领山门办事处、村"两委"、村社区工作协商委员会、村民代表及其他涉及方人员进行了集体协商,形成统一意见并得到了山门村七组村民及各方的认可。在履行中,村民委员会对各方工作进行多轮督促和协调,牵头跟踪工作落实完成情况,最终问题从根本上得到了解决,未发生一起上访及违规违纪问题。从根源上有效解决了困扰村民多年的环境问题,建立了水泥厂周边环境治理长效机制,使山门村更加和谐有序。

其次,建立议事听证会机制。对涉及村级发展规划、村集体资产处置、重要项目建设、重大矛盾纠纷调处、重要活动举办、村规民约修订等问题,决策前由村党组织召开党员和村民代表民主议事听证会,广泛听取意见,接受群众监督。通过群策群力,助推科学决策,减小了工作阻力,密切了干群关系。2017—2019年,港口镇连续三年在山门村山门洞景区举办宁国市民俗旅游文化系列活动,活动时间长、旅客数量大,对当地群众生活造成影响。为此,程守法带领村干部在山门村召开专题听证会议,听取村民代表、党小组长、村民组长意见,受到群众的拥护和支持。党员、村民组长、村民主动报名充当志愿者,维持交通和游客秩序,以此减小对群众生活的影响。

最后,建立乡贤议事会机制。立足"党的领导、民事民治、补位辅助、规范管理"的原则,程书记带领山门村吸纳了驻村市级党代表、企业法人、法律工作者、发展能人等组建乡贤议事会,充分发挥乡贤的亲缘、人缘、地缘优势,听其反映社情民意,协助化解疑难矛盾纠纷,保障涉及群众利益的重大事项正常推进,实现"村事民议、村事民治"。

二 法治:构筑村级小微权力监督体系

宁国市围绕农村"三资"管理、工程建设、征地拆迁、保障救助、行政审批等权力集中、群众关切、问题突出的事项,制定小微权力清单目录,推进权力事项"一单清"。程守法书记认为,村级小微权力事关群众切身利益,向群众阳光晒权,让群众广泛监督,可以有效促进基层治理。

村级事务、干部权力一律上墙……根据港口镇"清廉乡村"的部署要求,程守法围绕村级管理、社会救助、便民服务、阳光政务等10个方面,带领山门村制定了37条小微权力清单,绘制了权力运行流程图和"口袋本",并对村民公布。在风险点较高的财务管理方面,根据港口镇制定的《村(居)"三资"管理办法(试行)》《村级工程项目规范管理办法(试行)》

《关于严格规范"四议两公开"工作法的通知》《港口镇农村基层干部廉政管理五项制度(试行)》等措施,山门村将资产管理、工程项目、公共服务、惠民政策、作风建设、行政执法、行政许可这些行政权力运行的"关节点"全部规范起来,让村级事务和干部权力在"阳光"下运行。

村民们隔三差五地到墙上仔细观看查阅,将涉及个人切身利益的权力运行程序、内容等牢记于心。"一目了然的清单,让村民可以清晰掌握村干部的权力,方便群众监督。"程守法介绍道。与之相类似的,还有宁国市近期对微信公众号所做的提档升级。此次升级的一大亮点就是专门搭建了街道村级小微权力运行监督平台,相关政策法规和重要通知公告、办事指南及街道下辖8个村(社区)的村务公开事项,都在此平台上及时进行了公开。"打开微信,村干部有什么权力、该做什么事情,大家看得清清楚楚。"山门村一位村民说。

三 德治:多载体传播乡风文明

2017年以来,程守法书记对照农村精神文明建设工作部署,结合村实际状况,依托村规民约持续推动移风易俗工作。依托村民议事会充分发挥村民自治作用,依托红白理事会重拾勤俭节约之风,依托禁赌禁毒会肃清不良社会氛围,依托道德评议会弘扬美德促和谐,让村民们在潜移默化中接受新思想、新风尚。

2018年9月,山门村"新时代文明实践中心"揭牌成立,这是宁国市首个挂牌的文明实践站。以宁国市新时代文明实践站排头兵的标准,山门村聚力打造一个融思想引领、道德教化、文化传承等多种功能为一体的综合性文明传习实践站,打通宣传群众、教育群众、服务群众的"最后一公里"。一个聚人聚心的"百姓之家"建在了群众身边。"做好乡村治理的主人翁,不仅要监督公权行使,还要加强自我管理,倡树文明新风。"程守法说道。针对红白喜事大操大办、人情消费负担沉重等群众反映强烈的问题,山门村以新时代文明实践中心为载体,号召党员干部带头签订移风易俗承诺书,带头做到"婚事新办、丧事简办、喜事廉办",引导群众转变观念,并将移风易俗纳入村规民约、居民公约。

在山门村新布置的文化广场上,一张张图文并茂的展板有序排列,一个个动人的场景撑起了属于一个小乡村的大阵仗。从身边好人到感动港口人物,再到宁国好人,宣传的是温暖人心的山门"好人";从关爱未成年人的教育体育,到走村入户的普法、科普宣传,再到一场场内容丰富的理论宣讲、知识讲座,推广的是公益先行的山门"好事";从传统特产的制作,到根雕、剪纸等工艺的细节,从独一无二女子舞龙队,再到一届又一届民俗文化节,传播的是振奋人心的山门"好戏"。

在阵地建设的基础上,程守法书记带领山门村整合各类宣讲和志愿服务资源,创新开展志愿服务、百姓宣讲、知识讲座、文化活动、节庆活动,主动走进群众、积极邀请群众,以群众喜闻乐见、方便参与的方式开展活动,让群众看得见、听得懂、信得过、愿参与、用得上、真点赞。

第五节 宿州市泗县:多方力量营造和谐乡村

泗县,古称虹县、泗州,隶属于安徽省宿州市,位于安徽省东北部,东邻江苏省泗洪县,西接灵璧县,南连五河县、固镇县,北至东北与江苏省睢宁县、宿迁市毗邻。截至2021年3月,泗县下辖15个镇。根据第七次人口普查数据,泗县常住人口为763 310。长期以来,泗县新时代文明实践中心主动适应基层社会矛盾纠纷的新变化和新特点,从化解基层矛盾纠纷和社会治理创新入手,深化拓展文明实践,多措施赋能乡村治理,最大限度地把矛盾纠纷解决在萌芽阶段,化解在基层,确保做到"小事不出村、矛盾不上交",成效明显。2020年初,泗县入选全国乡村治理体系建

设试点县。

一、乡贤志愿工作站办"大事"

乡贤志愿者是联系群众的桥梁和纽带,是民情联络员、作风监督员、矛盾调解员和文明辅导员。泗县新时代文明实践中心充分发挥乡贤在社会治理中的作用,建立健全多元矛盾纠纷调处机制,强化源头预防,推进"事要解决",成效彰显。为提升乡贤志愿者的整体素质和监督水平,泗县积极引导,通过"群众推荐、个人申请、支部审查、党员群众代表大会表决"的方式选任乡贤,经乡镇统一组织专题培训后,由村"两委"发放聘书和上岗证。县相关部门制定《乡贤志愿工作站章程》,明确乡贤志愿工作站在镇、村党组织的领导下,行使各项管理与服务职权。各村召开重要会议、开展重大活动时,经常邀请乡贤志愿者参加,充分听取他们的意见和建议,并从多方面加强对乡贤志愿者的关心和关怀。

泗县屏山乡彭鲍村率先在全县设立乡贤志愿工作站,村民民主推举一批德高望重、热心公益的乡贤志愿者,义务为群众解决难题、调处纠纷。随后,全县187个村全面推广这一做法,依托乡贤的地缘、人缘、亲缘优势,妥善解决各类矛盾纠纷和信访隐患。农村"乡贤五老"对基层各种矛盾和问题号得准脉、找得到根、摸得着门,在遵守法律法规的前提下,从民间"老理"出发,从乡情亲情入手,用春风化雨的方式化解矛盾,处理事情既合情又合法。他们定期出席镇、村有关会议,参政议政,为民代言,对镇、村领导班子的工作进行监督评判,推进基层政府决策的科学化、民主化。目前,全县1 076名古道热肠、品行端正的老党员、老干部、老模范、老教师等现代乡贤活跃在基层一线,从源头上减少了矛盾纠纷和信访问题的发生。

二 "三说一听"解矛盾

之前,一场"田边地头"的矛盾调处在泗县大杨乡小丁村传为佳话。年过六旬的仝大爷与邻居因土地地界不清引起矛盾纠纷,小丁村新时代文明实践站在了解基本情况后,联系乡司法所、住建所、自然资源和规划所的工作人员共同组成矛盾调解小组,找到另一当事人后,一同赶到田间地头。通过了解情况,现场测量分析,耐心积极调解,纠纷双方最终达成一致,并当场握手言和。"我刚和村里反映,村里就马上组织人过来了,现在事情解决了,我心里别提多畅快了。"仝大爷脸上露出了舒心的笑容。

小丁村综合借鉴各地多调联动化解矛盾的经验,建立了"群众说事、政法说法、乡贤说德、公开听证"为主的"三说一听"矛盾纠纷多元化解机制。该村从乡派出所、司法所、法律服务所等乡直有关单位执法人员以及退职老村干部、老党员、老教师、群众代表等乡贤中邀请近20人,会同村调委会人员,共同组成"三说一听"矛盾纠纷联合调处人才库,面向群众公示,调解员由群众点单,矛盾纠纷双方当事人可在人才库中自主选定或委托村人民调解委员会指定调解人主持调解。调解工作因案施策,灵活采取多种形式,以多方力量、多元方式化解基层矛盾。

"村里通过加强与乡政法单位的协作互动,聘请了乡法律服务所负责人担任常年法律顾问,设立驻村警务室、公共法律服务室,合力做好法治宣传、矛盾调处、治安联防、依法治村等工作,打通服务群众'最后一公里'。"小丁村驻村工作队队长朱金军介绍说。"2020年以来,大杨乡综治中心线下共调解各类纠纷116件,线上216件已化解210件,矛盾纠纷排查调处工作有效开展。"泗县大杨乡党委政法委员韩其军说。

三、"四访"联动连民心

基层工作最难啃的"硬骨头"莫过于信访工作,泗县新时代文明实践中心会同县信访局坚持"初访、听访、陪访、下访"四访联动,最大限度地把纠纷矛盾解决在萌芽、化解在当地。压实责任,健全初访办理制度。近几年,泗县大庄镇党委严格落实镇领导班子开门接访制度,排定工作日接访值班,确保群众来访随访随接、随接随办。"许科良调解工作室"是泗县大庄镇最有名气的一个基层个人调解室。目前,大庄镇共有村级调委会13个,司法行政工作室5个,个人调解室5个。通过健全初访办理制度,切实做到诉求合理,解决到位;诉求不合理,解释到位;生活困难,帮扶到位。

创新渠道,健全听访说事制度。"赡养老人是天经地义的事情,今天来就是想听听你们各自的难处,帮助把你家的事情给处理好。"这是泗县开发区赵位社区"两委"干部在村民家中现场调处一起赡养老人矛盾纠纷的现场。经过耐心听访和调处,村民位凤军、位凤黄两兄弟最终达成协议,共同签订赡养老人协议书。千难万难,群众参与就不难。泗县开发区建立健全群众说事室,敞开大门,请群众说事。当群众遇到事的时候,想要说、愿意说,而且有地方说、有人听,使村民冤有处诉、气有处泄、难有人帮、策有人拿,减少矛盾,化解纠纷。

真情服务,健全陪访代办制度。2019年5月,全国人大代表、泗县泗城镇花园井社区乡贤志愿工作站站长岳喜环主动联系信访诉求业主,仔细了解事情经过,多次陪同信访人到县住建局、规划局、房管局协调对接,一个月内,问题得到了圆满解决。干部陪同群众依法上访、有序上访,代群众反映问题、反映诉求,既能够得到有关部门的重视,又能对群众信访活动加以规范和引导。陪访代办"变堵为疏",从源头舒缓了群众的情绪,减少了社会纷争。

深入一线,健全下访走访制度。2019年以来,泗县各乡镇以"带案下访解民忧"为切入点,主动深入187个村,面对面解决群众难题。将乡镇党委会开到村、开到小组,针对村重点信访问题逐一对症下药,用良法善治处理遗留问题。近年来,通过下访走访制度,全县16个乡镇、开发区先后解决矛盾问题2 000余起,成功调处了乡村普遍存在的土地征收、房屋征迁补偿等基层热点难点问题,避免了小事拖大、矛盾激化。

如今,泗县县委、县政府积极适应社会主要矛盾的新变化、新要求、新动向,县新时代文明实践中心会同县信访局全力做好了解民情、集中民智工作,组织近千名志愿者常态化开展走访活动,维护民利、凝聚民心,扎实推进社会矛盾化解工作。2020年3月,泗县被评为全省信访维稳工作先进县。

第六节 亳州市蒙城县土桥村:"村规民约"添彩幸福生活

初秋时节,迎着微微的秋风,感受着丰收的场景,走进安徽省亳州市蒙城县许疃镇土桥村,干净整洁的乡村水泥路两旁绿树成荫,红瓦白墙式的二层小楼整齐划一,形式各异的文化墙育人无声。昔日的贫困村此刻处处散发出整洁、美丽、文明、和谐的乡村气息。和乡村美景一样吸引眼球的是文化墙上的"村规民约":爱党爱国爱乡村,核心价值记心间。学法用法守法纪,恪守规矩莫违法。扫黑除恶扬正气,恃强凌弱必遭惩。诚实守信重公德,假公济私失人心……

"村规民约到底行不行?"土桥村党委书记李平心里直嘀咕,"起初,咱心里也没数,总担心村民对村规民约不上心,怕大伙儿不支持。"多年来,村民在操办婚丧喜事时,存在铺张浪费、讲排场等不文明现象,每户每年人情支出少则几千元,多则上万元,不少家底薄的人家被沉重的人

情债压弯了腰。2020年,受新冠疫情影响,很多原本打算办事的群众或取消了,或简办了。土桥村"两委"决定以此为契机,由村干部带头,请"五老"人员、乡贤、党员代表等具体操持,组织召开村民议事会,征求意见,修改完善旧村规民约,最终制定了上述村规民约。据村里参与村规民约制定的乡贤代表于建介绍,在制定和实施村规民约过程中,充分发扬人民主体的作用,以自我教育、党群互动为原则,集群众的智慧和力量作用,坚持以村民自治相关法律法规为依据,做到制定过程符合法定程序,条文内容符合法律规范,公布实施符合法治精神,保证村规民约制定和实施始终在法治轨道上运行。

"目前,这个村农户家举办红白喜事、燃放烟花爆竹、请戏班子唱戏,大操大办的现象大大减少,取而代之的是花钱少、规模小、受群众欢迎的新的红白喜事观念。"该镇党委委员、宣传委员吴智玲介绍说。土桥村村规民约实施以来,红白喜事不再大操大办已成为村民的习惯。"现在,群众再也不用撑面子大摆酒席了,只要跟红白理事会申请,就会有专人帮忙把关,啥心也不用操。"该镇许疃村村民代道祥深有感触地说。

该村东于村民组的于华堂老党员80岁寿诞,老爷子在家里简单摆了酒菜,乡邻们只来祝寿道贺不吃酒宴。李桥村民组村民李钊辉的奶奶去世,在村里红白理事会和乡贤们的帮助下,李钊辉为奶奶举办的葬礼一切从简,前后花费不到一万块钱。"这在过去没有三万块钱办不下来。"李钊辉感慨地说。

为了配合村规民约的有效实行,村党委每年年底还组织开展"好婆婆""好媳妇""好邻居""美丽庭院"等评选活动,在村里红白理事会的推动下,村民精神文明素养日益提升。

2019年9月,土桥村入选美丽乡村示范村名单。2021年4月,被安徽省司法厅和民政厅认定为第八批"安徽省民主法治示范村(社区)"。2021年9月,入选农业农村部农村合作经济指导司公示的"第二批全国乡村治理示范乡镇"拟认定名单。一串串沉甸甸的荣誉见证了土桥村村民的幸福之路!

第七节 六安市金寨县大畈村:社区管理构建搬迁新生活

大畈村位于金寨县双河镇东北部,平均海拔600米,属高寒山区贫困村,境内有风景秀丽的悬剑山和黄眉尖、鸡冠石。短短几年里,在脱贫攻坚政策的统领下,大畈村发生了天翻地覆的变化。

大畈村民之前住房多为土砖瓦房,且极为分散,居住环境十分恶劣。2016年以来,驻村扶贫工作队与村"两委"统筹同心,紧紧抓住金寨县农村宅基地试点改革机遇,让宅改红利最大限度释放给农民群众,开展易地扶贫搬迁和群众安置工作,先后分四期共建设搬迁安置房136套。共易地搬迁群众146户584人,搬迁比例占总人口的60%。其中,搬迁贫困户65户260人,一般农户81户324人。如今,全村80%的人口集中到距公路沿线约3公里区域的中心村庄。同时,积极争取各类项目资金2 600余万元,主动实施了搬迁居民点的用水用电、入户道路、绿化、亮化等配套工程,并新建农民文化乐园、卫生室、图书室、产业服务中心等公共服务设施。

在取得丰硕成果的同时,大畈村结合本地实际,进行大胆探索,初步摸索出适合本地特点的农村社区管理模式,主要包括如下几个方面:

第一,推出"居民点管家"举措。在悬剑山居民点、东湾居民点、院墙居民点和鸡冠石居民点全面推行"居民点管家"治理模式。在民主选举的基础上,选出四位熟悉村情、热心服务的"点长",并争取专项经费,厘清工作内容,明确工作职责,做到"管家"在岗在位,实现民事民议、民事民办和民事民管。事实证明,居民点管家在政策宣传、生产服务、土地协

管、村务监督等方面发挥了积极作用,成为广大村民的服务员。

第二,推出"网格化管理"举措。按照"就近就便、有利治理"的原则,结合人口数量、居住集散程度等情况,因地制宜划分四个网格区域,建立了网格化管理工作机制。网格员由村书记、村主任和其他村"两委"成员担任,分别包保四个居民点网格。在网格员之下,居民点管家为网格信息员。通过划分网格和落实人员,大畈村建起了乡村治理的大网,初步实现了"小事不出格,大事不出村"。

第三,推出村庄"建管护"联动举措。强化公益性岗位的管理,认真做好村内、道路沿线及公共区域的清扫保洁和公共设施的维护等工作,充分发挥公益性岗位服务在村、服务于民的作用。成立村级事务突击队,针对紧急事情进行应急处理。成立舆情监控小组,对出现问题的公共服务设施及时上报村里,以便及时得到处理,并对群众茶余饭后讨论较多的问题进行专项处理。

经过不断试点,大畈村把安置区建设成为文明和谐、共建共享的幸福家园,搬迁群众的获得感、幸福感和安全感不断提升,先后被评为"国家级生态村""安徽省森林村庄""安徽省卫生村""安徽省美丽乡村建设示范村""安徽省乡村旅游重点扶贫示范村"等。

参考资料:

[1] 桂林.屯溪区阳湖镇兖溪村探索建立"一二三四"红色乡村治理模式.黄山新闻网,2020-09-29.

[2] 杨丹丹.让村级权力规范运行——安徽省天长市构建防治"小微腐败"监督机制[N].农民日报,2019-09-12.

[3] 尉成辉.安徽泗县:拓展文明实践 赋能乡村治理.央广网,2020-10-27.

[4] 李西亚.安徽蒙城:巧用"村规民约"贫困村"约"出群众幸福新生活.亳州文明网,2020-10-13.